# 文化大革命の遺制と闘う

## 徐友漁と中国のリベラリズム

徐 友漁
鈴木 賢
遠藤 乾
川島 真
石井知章

社会評論社

# 文化大革命の遺制と闘う

徐友漁と中国のリベラリズム●目次

# はじめに

鈴木賢

## 反日と結びつく毛沢東

二〇一二年九月、尖閣列島の土地国有化に抗議することを名目として、中国全土一〇〇を超える都市で反日デモが吹き荒れたことは記憶に新しい。長沙、青島、西安など一部の都市では、デモ参加者のなかには暴力を用いて日系企業や日本料理店などを襲撃、破壊、略奪する者が現れ、目を覆いたくなるような光景も見られた。その後も領土問題をめぐり軍事的な緊張が和らぐ気配はなく、日中の国家間関係は一九七二年の国交回復以来、最悪のレベルにあると言われるまでになっている。

中国ではつとに憲法にデモ行進・示威の自由が政治的権利として規定されている（憲法三四条）。しかし、一九八九年の天安門事件を「教訓」として、集会デモ行進示威法（一九八九年一〇月一三日）が制定され、さらにその細則として集会デモ行進示威法実施条例、さらには各地の同法実施辦法などにより、その行使は厳しく制限されている。[★1] 法律、法規に則って街頭でのデモ行進を申請し、合法的にデモを行うことはほとんど不可能なのが現実である。それゆえ、集会デモ行進示威法は実は集会デモ行進示威禁止法であると揶揄されている。今回の反日デモ（暴動）についても、そうした法的な手続を経た合法的なものであったとの情報はない。にもかかわらず、中国の権力者はこれを取り締まらなかったし、制止しようともしなかった。また、違法デモに参加したこと、破壊行為に及んだことを、事後的にも咎める様子、民事ないし刑事責任追及の兆しもない。今回のデモ（そして暴動までも）が当局によって少なくとも意図的に黙認されていたと言われるゆえんである。

現在、当局が黙認しうる多人数での街頭示威行動は、反日を旗に掲げる場合がほぼ唯一の例外となっている。[★2] このことは中国の大衆ならみなが知っている暗黙の了解でもあろう。その結果、いったん反日デモが許されるとなるや、人々はドサクサに紛れてあらゆるテーマをそこへ持ち込み、ここぞとばかりにアピール、発散することになる。[★3]「日本人は釣魚島から出てい

け！」「日本製品ボイコット」などのスローガンに混じって、写真のように毛沢東の肖像画を掲げたり、「毛主席帰ってきて下さい。日本がまたわれわれを侵略しようとしています」といったプラカードが登場したことが各地で観察されている。ここから毛沢東的な政治シンボルがいまなお中国人の心の中で根強く生き続けていることが知れる。

## 文革の余韻ただよう現代

本書は中国が今なおこのように毛沢東型政治を清算できないでいる背景を知るうえで、有益なヒントを与えてくれるであろう。

毛沢東型大衆動員政治は、いわゆる「重慶モデル」★4にも顕著に見られたところである。「重慶モデル」の旗振り役であり、中国共産党重慶市委員会書記の座にあった薄煕来が、二〇一二年春、劇的に失脚した。薄は同年秋に予定されていた第一八回党大会において党の最高指導層である政治局常務委員会入りすると目されていた有力政治家であった。その薄が使ったのが「唱紅歌」（革命歌を歌え）であり（本書二七頁写真参照）、貧富の格差是正のためのばらまき予算（平均主義）、「打黒」（マフィア撲滅）という毛沢東流の政治手法であった。重慶は薄の赴任以来、大規模な大衆動員をしかけ、赤旗を振り、革命歌を合唱し続けた。

市場経済の道をひた走る中国でなぜいまさら革命歌がそれほど人々を惹きつけるのか、筆者は理解に苦しんでいたが、本書での徐友漁氏の報告を読んでそれは氷解した。現代中国の知識人の間で「新左派」と呼ばれるような復古思潮が、やおら頭をもたげてくるのも同じ事情がある。中国共産党は未だに文化大革命をきちんと清算していないし、ましてや反省も、謝罪もしていないのである。文革はけっして過去のものではない。またいつ第二の「重慶モデル」が登場しないとも限らない。

中華人民共和国成立からこれまで、中国共産党は幾多の失敗や過ちを繰り返し、多くの人の命を奪ってきた。大規模なものだけでも、反右派闘争（一九五七年）、大躍進、その後の「大飢荒」（一九五九〜一九六一年）、文化大革命（一九六六〜一九七六年）、六四天安門事件

（一九八九年）、法輪功弾圧、チベットや新疆で繰り返される宗教、民族運動弾圧、計画出産政策による母体、嬰児殺しなどがある。しかし、共産党はこれまで謙虚に党自身の責任を認めて、国民に謝罪し、許しを請うたことは一度もない。せいぜい党がやってきたのは「平反」（名誉回復）とか、「落実政策」（政策の具体的実施）というもので（それすらやっていないものも多い）、名誉を回復された被害者は、なんといつの間にか逆に党の温情慈悲に感謝すべき立場におかれるのが常なのである。建国以来の最大の惨劇とされる文革を党がいかに評価するかには、まさに共産党政権の本質を読み解くカギがあると言えよう。

## 徐友漁という人

本書は中国では政治的にデリケートな意味合いをもつ文革研究の第一人者でもある徐友漁氏の報告、討論（二〇一二年七月二二日に北海道大学で開催したワークショップ）、インタビューを中心として、ワークショップでコメンテーターを務められた川島真氏（中国政治外交史専攻）、石井知章氏（中国政治思想、中国労働運動専攻）の論攷を収めたものである。ここで本書の主役である徐友漁氏のプロフィールを紹介しよう。

徐氏は一九四七年に四川省成都市で生まれ、四川師範大学を経て、中国社会科学院で大学院修士課程を卒業し、中国社会科学院哲学研究所に長年、勤められ、二〇〇八年退職した。この間、オックスフォード大学、ハーバード大学、台湾中央研究院、香港中文大学、フランス社会科学高等研究院などで留学ないし在外研究をされている。二〇一二年六月〜九月には北海道大学公共政策大学院の特任教授を務めた。専攻は言語哲学、政治哲学、文化大革命研究で、二〇一〇年にノーベル平和賞を受賞した劉暁波が主導した「〇八憲章」[★5]への賛同者、「劉暁波ノーベル平和賞受賞に関する声明」（二〇一〇年一〇月）発議者としても知られ、現代中国を代表するリベラル派知識人である。最近では二〇一二年一二月に世界人権デーに合わせて、新しく選ばれた共産党指導部に対して劉暁波の釈放をもとめる公開書簡を公表するなどの活動を主導している。こうしていまや学問研究、執筆活動を超えて、民主活動家としての顔ももつ。

主著に『「哥白尼式」的革命』（上海三聯出版社、一九九四年）、『羅素』（香港中華書局、一九九四年）、『精神生成語言』（四川人民出版社、一九九七年）、『告別20世紀』（山東教育出版社、一九九九年）、『驀然回首』（河南人民出版社、一九九九年）、『自由的言説』（長春出版社、一九九九年）、『形形色色的造反』（香港中文大学出版社、一九九九年）、『直面歴史』（中国文聯出版社、二〇〇〇年）、『人文立場』（中国青年出版社、二〇〇八年）、『重読自由主義及其他』（河南大学出版社、二〇〇八年）、編著『遭遇警察』（香港開放出版社、二〇一二年）など多数。

## 警察との「遭遇」

徐氏は中国共産党がとうに統治の政治的正統性を失っていると認識しており、その言論は当局の許容する範囲をはるかに超えている。そのため身辺は「国保」と呼ばれる警察によって監視、制限されており、電話やメールはすべて傍受の対象となっている。徐氏に限らず、「〇八憲章」にかかわった知識人や「維権人士」（権利擁護活動をする人々）は、現在、ほぼことごとく同じような境遇に置かれている。党や国家の重要会議開催の直前など、政治的に「敏感」（デリケート）な時期には、自宅前に警察官が常駐し、二四時間体制で出入りを監視、制限したり、頭巾を被せられていきなり連行され、監禁される知識人も後を絶たない。これこそ目下軍事費を超える予算を使っているといわれる「維穏」（安定維持）のための当局による予防措置に他ならない。

これら知識人の警察官との個別の遭遇体験をまとめたのが、香港で出版された前掲書『遭遇警察』である。本書の奥付によると二〇一二年六月四日の出版となっており、ここにも徐氏らの思いが込められている。もとより六月四日こそは、あの天安門事件で民主化を求める一般市民に対して正規軍が無差別銃撃をした血塗られた日である。徐氏は本書が出版されると当局により出国を阻止されることを危惧して、その直前六月一日に札幌へ向けて北京を飛び立ったのだという。徐氏は中国の知識人を代表する優れたリベラリズムの旗手でありながら、不思議なことに、これまで日本ではほとんどその著作が紹介されてこなかった。かくいう筆者らも今回、北海道大学へ招聘するまでは徐氏の思想、言論、活動についてほとんど知ることがなかった。現代中国にこれほどまでに真摯に歴史に向き合い、専制支配をラディカルに批判する知的な抵抗が続いていることを広く知ってもらうことを願い、本書の出版を企画した。筆者らの思いがいくばくかでも共有されれば幸いである。

註

（1）集会デモなどの法的規制については、木間正道ほか『現代中国法入門』第6版（有斐閣、二〇一二年）九三頁参照。

（2）反日以外では、一九九九年のNATO軍による駐ユーゴスラビア中国大使館誤爆事件の際のアメリカ公館への抗議デモ、二〇〇八年にはチベット問題やオリンピック聖火リレーへの妨害に抗議するためのフランス資本のスーパー、カルフールへのデモがある。いずれも中国当局の外交を後押しすることをねらった官制デモの色彩が強い。

（3）だからこそ、反日デモは放置すると、不満の矛先はすぐに内政に向かうことになる。利用し終わったら、たちどころに「終息」するのはそのためである。

（4）「重慶モデル」については、さしあたり朝日新聞中国総局編『紅の党――習近平体制誕生の内幕』（朝日新聞出版社、二〇一二年）五一頁参照。

（5）劉暁波『天安門事件から「〇八憲章」へ』（藤原書店、二〇〇九年）二〇九頁以下に邦訳がある。

# [第1部] [シンポジウム] 現代中国政治に対する文化大革命の影響

# 開会のあいさつ

鈴木賢

予定の時間になりましたので、ワークショップを始めたいと思います。本日は「文化大革命の現代中国政治に対する影響」というテーマで徐友漁先生をお迎えして、ワークショップを開催させていただきます。私はこのワークショップの主催者の一者でもある北海道大学法学研究科附属高等法政教育研究センターの鈴木賢と申します。今日は司会を担当させていただきます。それではまず徐先生にご報告をいただき、三人のコメンテーターからそれぞれコメントをいただくという順序で進めていきたいと思います。ご報告の前に徐先生について簡単にご紹介申し上げます。

徐友漁先生は、一九四七年に四川省成都市で生まれ、四川師範大学を卒業されまして、その後、中国社会科学院の大学院に進学し、哲学を専攻されました。ご専門は政治哲学、あるいは分析哲学で、これまで非常にたくさんの著作を発表されておられます。徐先生のお仕事は非常に多岐にわたるのですが、海外で徐先生が有名になったのは、おそらく中国の政治犯である劉暁波が二〇一〇年にノーベル平和賞をとったころからではないかと思います。ノーベル賞委員会に対して徐先生たちが、劉暁波をノーベル賞に推薦する運動をされまして、それが実ったかたちで劉暁波の受賞になったわけです。そういう意味では劉暁波のノーベル賞受賞の影の立役者のお一人でもいらっしゃいます。劉暁波は現在も服役中でありますが、捕らえられるに至った容疑としては、直接的には、二〇〇八年の一二月に発表されました「〇八憲章」を執筆、宣伝したということが中心になっております。徐先生も、この「〇八憲章」には署名をされておられます。現在でも中国国内に留まっている知識人としては、数少ない署名者のお一人で

シンポジウムのパネリスト。右から鈴木賢（司会）、徐行（通訳）、徐友漁、石井知章、川島真、遠藤乾。

す。そういうことからもわかるとおり、徐先生は中国を代表するリベラル派知識人のお一人であるということが言えると思います。劉暁波の著作の日本語訳が最近、岩波書店から出ております（『最後の審判を生き延びて』二〇一一年）が、その「あとがき」を徐先生が書かれておられます。これを見ていただければ、徐先生のお考えもよくわかるのではないかと思います。

いまは社会科学院哲学研究所を退職されたのですが、二〇一二年六月から、今日のコメンテーターのお一人である遠藤乾先生が、北海道大学公共政策大学院の特任教授として徐先生を招聘いたしまして、三か月の予定で北大に滞在中です。

徐先生はついに最後まで中国社会科学院哲学研究所に勤められ、クビにもならず、逮捕もされず退職されました。しかし逮捕こそされてはいませんが、警察からはさまざまな嫌がらせをずっと受けてきました。最近、先生の編著により「警察との遭遇」（『遭遇警察』香港開放出版社、二〇一二年）という本が香港で出版されました。このなかに、徐先生がどういう嫌がらせをうけてきたのかということが、つぶさに書かれております。そういう意味では、体制派と反体制派のあいだぐらいに位置しておられる知識人ということになろうかと思います。ちなみに、この本は今年の「六月四日」に出版されております。もちろん、この日付には特別な意味が込められているわけです。先生が日本に来られたのが六月一日ですので、日本に来る直前にこの本が出たなら、日本には来られなくなるかも知れないという懸念を抱かれ、それで出版の日付を六月四日にしたというふうにも伺っております。

それではご紹介はこのくらいにして徐友漁先生からご報告を伺いたいと存じます。先生、よろしくお願いいたします。

# 現代中国政治に対する文化大革命の影響

徐友漁
（翻訳／徐行）

## 重慶——文革の再演？

文化大革命は、約半世紀前に中国大陸で起きた世界をも驚かせた政治運動である。それが今の中国に対してもなお影響力を発揮していると言うと、ちょっと大げさに聞こえるかもしれない。しかし、薄熙来事件、そしていわゆる「重慶モデル」の栄光と転落を見るかぎり、文化大革命はまるで亡霊のように、今でも中国にまとわりついている。二〇一二年三月一四日、全国人民代表大会と全国政治協商会議（いわゆる「両会」）が終わった後の記者会見において、温家宝首相が重慶における薄熙来の政治手法を文革のそれと関連づけて、中国国民に対して、「文革のような悲劇を中国で繰り返してはならない」と注意を喚起した。

温家宝の講話は大きな反響を呼び起こした。その後、中国の一般市民と知識人は明らかに二つの陣営に分かれた。一つは薄熙来を支持し、重慶で行われた「唱紅（革命歌を歌う）、打黒（マフィアを撲滅する）」キャンペーンを讃え、文化大革命を懐かしむ立場である。もう一つの立場はその真逆である。それを見れば分かるように、公式には文革は繰り返してはならない災禍と位置づけられていて、多くの人々には遠ざかった悪夢と見られているが、現実には現代中国の政治において、未だに生きていることを否定することができない。

薄熙来を支持する人であれ、反対する人であれ、いずれも彼が重慶でやってきたことを文革の再演と見なしている点においては共通している。それについては深く考える必要があると思われる。文革は歴史的に見ても前例がなく、全世界を驚かせたことで有名である。そんな失敗に終わり公式的

にも否定されたものがどうして繰り返されるのだろうか。ここで、まず検討しなければならないのは、文革が本当に重慶で繰り返されたのか、そして、どういう意味で、またどの程度でそれが文革の再演と言えるのかという問題である。

一般的に、歴史が形を変えずにそっくり繰り返される、ということはないと考えられる。特に文化大革命のような、人類の発展の軌道から大きく逸脱したような事件は、なおさらそう簡単に繰り返されることはないはずである。しかも人々は、現在の中国の状況が二〇世紀六〇年代、七〇年代のそれとは大きく異なっていることをきちんと理解している。そして、何よりも重要なのは、毛沢東のような絶対的な政治権力を持ち、誰も反対できないし、誰も挑戦する勇気を持ちえない、しかも政治的な大衆運動を好んで発動する、このような指導者は、今の中国にはもはや存在しないし、新たに生まれることもないということである。また、もう一つ重要なポイントは、市場経済に反対して、かつ「自力更生」という名の鎖国政策をとっていた当時の中国と違って、今日の中国の市場経済はすでに相当な規模に達していて、かつ世界の経済体系の中に溶け込んでいるのである。だとすれば、人々が「重慶モデル」を文革になぞらえることとは間違いなのだろうか。

私はそうは思わない。薄熙来が失脚する前に重慶で行われたことが文革と全く同じだと思う人はいないだろう。しかし、両者の重要な特徴について言えば、また、中国が歩むべき立憲民主主義と法治の道に比べると、「重慶モデル」は確かに文革に非常に似ている。以下では両者を比較して分析を試みよう。

## 「唱紅」と「打黒」

中国の各界の人々の注目を引いたのは、重慶市当局が自分自身で宣伝した重慶の特色、すなわち「唱紅」と「打黒」というキャンペーンである。この二つの要素は特に中国的な特色を帯びているため、もう少し詳しく説明する必要があると思われる。

まず、「唱紅」とは、大きな規模で、持続的に過去の革命歌をみんなで歌うというキャンペーンである。キャンペーンといっても、歌いたい人は歌えばいいし、歌いたくない人は歌わなくてもいい、というわけにはいかない。実際に行われたのは、組織的に革命歌を歌うこと、テレビ局もラジオ局も一日中それを放送すること、大規模なコンサートやコンテストを組織することであった。多い場合は一〇万人以上の人が一つのコンサートに参加することもあったし、「唱紅」のキャンペーンに巻き込まれた人々の総数は数千万人に及ぶとも言われている。これはもはや個人レベルでのある種の歌に対する好みの問題ではなく、政府が公権力を行使して、強制的に特定の観念を人々に押しつけるという事態である。これらの革命歌のテーマと内容は、主に戦争、革命、中国共産党、とりわけ毛沢東を讃えるものである。したがって、イデオロギー的色彩が極めて強い。たとえば、「共産党がなければ新しい中国はない」というような歌詞があるし、個人崇拝を鼓吹して、毛沢東を太陽に例えて、中国人の救世主として讃える歌詞もある（「インターナショナル」の中国語の歌詞には「天の救世主も求めず」と書かれていることを指摘する人は後を絶たないが）。私自身が一番嫌いな革命歌は、共産党と自分の母親を比較して、母親よりも共産党の方がいいと謳っているものだ。母親は抑圧や搾取に対抗できず、泣いて屈服するしかないが、共産党は人々に呼びかけて革命を起こした、というものである。正直に言うと、私は中国共産党が節操もなく自画自賛をすることには慣れてしまったが、母親を罵ることで共産党の良さを際だたせるのは、さすがに酷すぎると思う。

重慶における「唱紅」のキャンペーンは、党や政府機関だけがやっていたわけではない。学校から工場、農村地域、精神病院や監獄に至るまで、あらゆるところでこのキャンペーンが展開された。しかも、キリスト教や仏教、道教など宗教界の人々も強制されていた。それに関連する有名な写真がある。監獄の中で、囚人服を着て、坊主頭の囚人たちが「われわれは共産主義の継承者である」という歌を唱っている場面が写っている。それには、「一体どこのクソ野郎が共産主義の継承者を監獄に閉じ込めたのだ」という皮肉を込めたキャプションが付いてい

僧侶も囚人も「唱紅」

文革時代の「紅い海」

る。

「唱紅」のキャンペーンは、文革において革命歌を歌った政治運動と全く同じだと思う。当時は、「毛沢東の思想をもってあらゆる陣地を占拠しなければならない」と主張され、「紅い海」を実現するというキャンペーンが行われた。「紅い海」というのは、人々が見えるところを全部革命の色、すなわち「紅」に染めることである。空中でひらひらと揺れていたのは紅い旗であったし、あらゆる建物には紅いペンキが塗られて、毛沢東語録や革命のスローガンが書かれていた。重慶であれ、文革期の中国であれ、社会現象となったのはいずれもイデオロギーの熱狂である。

そして、「打黒」とは、警察が大きな規模で力強く「黒社会」組織の撲滅を行うことである。もちろん、「黒社会」の撲滅が間違っているとは誰も思っていない。薄熙来の前任者も「打黒」のキャンペーンを展開していたし、中国の他の地域でも「打黒」が行われてきた。それなら、なぜ重慶における「打黒」のキャンペーンが特に注目されたのだろうか。実は、薄熙来が重慶で行ったキャンペーンには際立つ特徴があった。以下のような特徴が「唱紅」のそれらと合わさって、「重慶モデル」を構成していたのだ。

## 弄ばれる法

重慶における「打黒」のキャンペーンの特徴は、規模が大きいこと、事件処理のスピードが速いこと、厳罰の度合いが特に高いことの三点に集約される。これらの特徴は常識の範囲を超えていて、キャンペーンそのものは法治を大いに破壊することを代償に行われた。

一例を挙げると、重慶市は二〇一〇年に三〇〇以上の専門事件処理チームを組織した。専門事件処理チームの隆盛は、文化大革命の時期にも見られた現象である。いわゆる専門事件処理チームとは、事件を中心に警察、検察と裁判所が共同で業務を遂行することである。したがって、三者の間には、相互監督と相互制約というものは存在しない。そして、こういった仕組みの下では、逮捕は往々にして大がかりなものであって、恣意的である。多くの場合、まず人を逮捕し、その後、証拠探しをするというやり方が取られている。また、一つの容疑が成立しなくても、釈放せずに別の容疑で補充捜査をするというやり方も採用されている。しかも、逮捕された人は法で定められた勾留場所に留置されるのではなく、秘密の場所に監禁されるのである。そのため、被疑者の人権も保障されていないし、司法による監督も実現されていない。拷問による自白の強要も一般的に行われている。

一般的に知られているように、文革における専門事件処理チームは、特に人々に忌み嫌われたものの一つである。それは専門事件処理チームが法治を踏みにじり、人々の命をむやみに奪ってきたためである。文革が収束した後、中国当局は正式に専門事件処理チームという手法を永久に廃止すると宣言した。しかし、薄熙来の統治下にある重慶では、それが宣言通りに廃止されるどころか、復活したのである。

私の知人で、重慶市で「打黒」のターゲットとなった被疑者の弁護を行った弁護士がいる。その人の話によると、拷問がどれだけ日常的に行われているかというと、警察が拷問をしなくてもいいと思う場合にだけ、例外的ケースとして、上に報告しなければならないとされていたほどである。彼の依頼人が法廷で、出廷した検察官の一人が自分を拷問した人間であると告発

「打黒」のターゲットとなった人びと

し、その場で傷跡を示した。告発された人は手で顔を覆い隠し、俯いたまま黙り込んだが、裁判長は検察の人間が拷問を認めていないため、拷問による自白の強要があったという主張は成立しないと判断した。

　重慶における「打黒」のキャンペーンに伴って生じた現象の一つは、いわゆる「黒社会」のメンバーの個人資産の没収である。実際のところ、当該キャンペーンの重要な目的の一つは、司法という手段で経済的な略奪を行うことであった。重慶で最も裕福であった私営企業経営者の三人は、いずれも「黒社会」の重要なメンバーとされて、死刑、または無期懲役という判決が言い渡された。その他の

「打黒」キャンペーンの垂れ幕

中小企業経営者の多くも刑罰に処されるか、国外逃亡を余儀なくされたのである。このような方法を通じて、重慶市当局は数千億人民元、日本円にして数兆円に相当する富を手に入れた。その一部は地方政府の歳入として計上され、重慶の経済発展の成果を証明するものとなり、人々の支持を獲得するためのいわゆる「民生プロジェクト」や「市民を豊かにするプロジェクト［富民工程］」に使われ、一般市民にばらまかれた。

重慶の「打黒」キャンペーンにおいて、法が弄ばれた典型的な事例は「李庄事件」である。李庄は北京のとある弁護士事務所の弁護士で、重慶で「黒社会」に関連する事件の被告人で私営企業の経営者である人の弁護を担当した。重慶の警察当局は、李庄が被告人に偽証をさせたと告発した。法廷で李庄がどうやって指示を出したかと質問されたとき、検察が示した書面の内容は信じられないものであった。被告人の証言によると、李庄はまばたきをすることで偽証の指示を出したというのである。

結局、李庄には実刑判決が下されたが、刑期が満了する直前に、重慶市当局が収監期間を延長するために、重慶における事件とは全く関係のない別の罪名で彼を起訴した。法を無視するこのようなやり方は、中国の法学界と多くの弁護士の怒りと抗議を招いた。全国的に大きな抗議の声が上がったため、中国の最高指導者たちは「大局を安定させる」ために本件に介入し、別件で李庄に判決が下される前に、訴えは急いで却下された。「李庄事件」を見れば分かるように、法的手続きは完全に子供の遊びと化したのである。したがって、中国人は重慶における「打黒」キャンペーンに対して、より適切な呼称として、「黒打」というレッテルを与えた。「黒打」とは、す

文革時のつるし上げ

なわち違法な方法、言い換えれば「黒社会」のようなやり方で事件を処理するという意味である。

文化大革命の最も特徴的なことは、法治に対する破壊であった。当時の国家主席である劉少奇が、紅衛兵によって家から連れ出され、つるし上げに連れて行かれたとき、彼は中華人民共和国憲法を片手に持ち、自分が国家主席であって、人身の自由は憲法によって保障されていると主張したが、それを聞いた人々はそれを一笑に付しただけであった。結局、劉少奇主席は何ら裁判を受けることもなく、北京以外のところに秘密裏に収監され、虐待の中で非業の死を遂げたのである。

個人崇拝と個人に対する盲信は文化大革命のシンボル的現象である。文革中に毛沢東の言葉は「最高指示」と称されて、絶対的な真理と見なされていた。毛沢東に次ぐナンバーツーであった林彪元帥の話を借りれば、「毛主席の話はすべて真理であって、彼の言葉一つは一万の言葉にも勝る」。文革の教訓もあって、人々は個人に対する盲信に警戒するようになっていた。文革が終わってからの長い間に、政治的指導者に対する謳歌には一定の節度が見られていた。しかし、ついこの間までの重慶では、薄熙来が人々の謳歌の対象となった。「薄熙来の歌」が流行っていたし、市内の各所に「薄書記、お疲れ様でした」というスローガンが掲げられていた。

## 文革はなぜ支持されたか

以上の分析を踏まえて、次はより核心的な問題に迫りたいと思う。つまり、文化大革命は中央政府と一般市民に共通して批判された政治活動であったのに、なぜ今日の中国において、こんなにも多くの人々が薄熙来を支持したのかということである。当然ながら、彼を支持した人が別に彼自身のことが好きだったわけではない。支持者たちが好きなのは、彼が推進してきた「重慶モデル」であって、このモデルと文革の共通点である。したがって、この問題を以下のように置き換えることができる。つまり、文革は中国に大きな損害をもたらしたのに、なぜ未だに多くの人々が文革を懐かしみ、憧れるのだろうかと。

実際のところ、人々の立場と感情は時とともに変化している。二〇世紀七〇年代後半から八〇年代にかけては、自分が文化大革命を支持していると公の場で主張できる人はほとんどいなかった。当時の人にとっては、文革における苦難の記憶はまだ真新しいものであって、文革という悪夢に対する恐怖もまだ収まっていなかった。しかも、当時の中国はあたかも文革と真逆な道を歩もうとしていて、「民主と法制」を建設し、「現代化」を実現しようとしているように見えた。中国の指導者が推進している改革開放の政策は多くの中国人の心に希望と自信をもたらした。

　しかしながら、もっとも希望に満ちあふれていた八〇年代においてさえ、中国共産党の最高指導者たちは、文革を徹底的に批判し、文革の発生に責任を負わなければならない毛沢東を根底から批判したわけではなかった。権力の座に返り咲いた指導者たちは、文革中につらい目に遭い、毛沢東に対して不満を持っていたが、やり方を変えるつもりはなかった。彼らにしてみれば、毛沢東は彼らの統治を維持するための旗印であり、それを捨てるつもりは毛頭なかったのである。フルシチョフがスターリン批判を展開したとき、毛沢東は、スターリンはプロレタリアート独裁を維持するための「刀」であって、共産党としてはそれを捨てるわけにはいかないと発言した。文革後の権力者たちも毛沢東を独裁のための刀と見なした。彼らは現代中国の歴史問題に関する決議の中で、依然として毛沢東の功績を讃えていた。同時に、権力者たちは人々に文革について議論することを禁じた。なぜなら、文革は政権党がやらかした悪事・スキャンダルであって、中国社会と政治の暗部を大いに露呈させたからである。今日に至っても、文革はなお研究と出版上のタブーとされていて、外国における文革研究の学術本を翻訳・出版することさえも難しい。

　二〇世紀九〇年代に入ると、中国は複雑で、苦難と苦痛に満ちた転換期に入った。かつては改革が自分たちの地位を揺るがす恐れがあるとして、それに反対していた官僚たちも、突如として、改革が自分たちに権力と金銭との交換を行うチャンスを提供してくれることに気づき、逆に改革を支持するようになり、改革を自己利益の実現に繋がる軌道に乗せた。それによって、改革は不可逆的な流れとなったが、それはもはや人々が希望を託せるものではなく、少数の特権階級のためのものとなった。汚職と腐敗が深刻化し、貧富の格差もますます拡大することとなった。社会における不公平はますます際立つようになり、社会におけるコンフリクトも激化の一途をたどった。九〇年代の状況は八〇年代のそれとは大きく変容し、問題はもはや「改革が必要かどうか」から、「どんな改革が必要か」、また「誰が改革のための代償を払い、誰が改革から利益を得るのか」へと変わったのである。

一九四九年以来、中国の一般市民には政治に参加する機会が与えられなかった。彼らが政治に参加した唯一の経験が文化大革命だったのである。その経験に基づいて、人々は汚職と腐敗に対処する現行のシステムや社会における公平を実現する現在の方法が機能しないと感じた場合、自然に問題を解決する唯一の方法がもう一度文化大革命を行うことだと考えるのであろう。絶望した人々にとっては、文革がもたらした苦難もなければ、圧迫も存在しない。毛沢東の時代は平等の時代であって、理想を追い求めた時代であった。当時の人々は崇高な道徳を有していて、公正無私であったし、役人も廉潔で、滅私奉公であった。そのため、失業者や弱者集団による抗議集会やデモ行進の中に、毛沢東の画像と文革のスローガンが現れたのである。

毛沢東が文革中に役人を「資本主義の道を歩む実権派」として打倒しようとしたのは、それほど説得力があったわけではない。なぜなら、二〇世紀六〇年代の中国には、経済政策の面における資本主義的な要素はほとんどなかったからである。逆に市場経済の推進に力を入れている現在、一般市民が役人を「資本主義の道を歩む実権派」と見なすならば、かなり説得力があるように見える。

実際のところ、文化大革命は共産党側が描くような、反革命集団が毛沢東の間違いを利用して企てた陰謀でもなければ、文革を単純化して、かつ反対する立場を取っている人々が思うように、単に人々が騙されたわけでもない。われわれは以下のような不都合で理解しがたい事実を直視しなければならない。つまり、文革は数億の中国人から支持を得た政治運動である。彼らは誠心誠意、時には熱狂的に、それに参加した。なぜ今なお多くの人々が文革に対する呼びかけをしているのかを理解するためには、まず当時の中国人がいかなる力に駆り立てられて文革に身を投じたのかを理解しなければならない。

文革の特殊性は、毛沢東が自分の政敵を打倒するのに、従来のような中国共産党内部の権力闘争という手法を採用しなかったというところにある。おそらく、通常の方法では目的を達成できないため、大規模な大衆運動という手法を採用したのだろう。彼は大衆を利用し、大衆運動を展開して、大衆を自分の味方につけた。

毛沢東は直接大衆を動員した

毛沢東はどうやってそれを実現したのだろうか。答えは以下の通りである。彼は当時の中国社会の弊害と矛盾を理解していて、公正と平等の旗印を掲げることで、国民に彼が社会正義の代表で、人民大衆の利益の保護者で、大衆を指導して官僚特権階級と闘う者だと思わせた。

実は古今東西、統治者の中にはこのような人物が少なくない。彼ら自身はある特定の悪い制度の創造者、または擁護者である。同時に、彼らは当該制度の問題点を深く理解しており、制度が不公平であることも知っている。彼らは肝心なときに当該制度を批判し、それを変えることを約束することで、人々の支持を獲得し、ライバルを蹴落とす、または更なる地位を手に入れるといった目的を実現する。彼らは普通の政治家ではなく、機会主義者（オポチュニスト）であり、実用主義者（プラグマティスト）であり、政治的な野心家である。毛沢東がそうであるように、薄熙来もそうであった。

文化大革命が始まる前、大躍進と人民公社運動の失敗により、毛沢東は行政管理の権限を劉少奇に委譲せざるを得なかった。毛は自分から権力が遠ざかっているのを感じて、劉を打倒することを決心した。彼は現行制度を厳しく批判するという方法で劉を攻撃し、現行制度の弊害を大きく取り上げて、「官僚特権階級はすでに労働人民の血を吸う階級に成り下がった」といった極端な主張をした。文革の初期においては、毛があえて文革の指導権を劉少奇に渡し、のちに劉が推し進めているのは大衆を抑圧する反動的な路線であると主張することで、自分の政策が大衆から支持され、大衆を解放する革命的な路線であることを際立たせた。彼は、劉少奇とその部下によって「反革命」または「右派」のレッテルを貼られた人の権利と名誉を回復した。したがって、人々が毛を擁護するのは、単にイデオロギー的な理由、あるいは毛が最高指導者であるということに起因するわけではない。彼らにとっては、毛だけが広範な人民の利益を代表している。毛とそのライバルの区別は、公平と不公平、平等と不平等の区別と映ったのである。

重慶における薄熙来のやり方は、実は毛の模倣である。彼が大連でやってきたことはまさに職権を利用して私腹を肥やし、「黒社会」を支持・利用することであったが、重慶に赴任してすぐあらゆる問題を自分の前任者のせいにした。彼は自分自身が極めて大きな不公正を作っているのにもかかわらず、公正と平等の旗印を掲げて、いわゆる「市民を豊かにする」プロジェクトや「市民に親しい」というスローガンなどを利用して、政界を早いスピードで上昇する新星となった。

毛沢東の文革は失敗に終わった。それは彼がある意味でほとんどの官僚特権階級を敵に回し、自分の親族や腹心で彼らに取って代わろうとしたからである。薄熙来も失敗した。その原因もさほど変わらない。それは彼が今の利益集団のルールを破壊し、共産党のルールを破壊したからである。彼は一人で出世しようとしたため、統治集団の中の他の人の利益を無視し、彼らを見下し、隠すことなく自分の意見を述べた。

多くの中国人にとって悲しいのは、彼らには毛沢東と薄熙来の本性を見抜く能力がないということである。彼らにしてみれば、政治指導者の中の数少ない「いい人」が失敗したということになる。彼らに分からないのは、悪い制度の下では、政治家にはパフォーマンスの差や権力闘争の方法の差があっても、正義と非正義、または民衆を大切にする方と民衆を抑圧する方という差が存在しないということである。

## 文革の結果としての民主化運動

以上の説明は、文革と統治階級の構成員との関係の話で、いわば文化大革命のマイナスの面である。つまり、統治階級がいかにして公平と平等のスローガンを利用して、大衆を欺き、利用し、動員したのかという話である。しかしながら、文革が現代中国の政治に与えた影響には積極的な一面もある。私は以下のように考えている。文革以前の中国には、偶発的な個人による民主化を求める活動はあったものの、民主化運動というものは存在しなかった。文化大革命がもたらした重要な結果の一つは、現代中国の民主化運動の発生と発展である。これは文革を発動した者の意図に反して、文革、より正確に言うと、文革の失敗によってもたらされたのである。この過程の観察者及び参加者として、私には言いたいことがたくさんある。

文革の結果の一つは、人々に自律的に思考する能力を与えたことである。私が実際にインタビューした文革の積極的参加者の一人は、以下のように述べている。「文革前と文革中に、全国の八億の人には頭が一つしかなかった。つまり、考えることができるのは毛沢東だけで、他の人は従うしかない。その結果、毛沢東が正しい判断をすれば、全国が正しい道を歩むことになるが、彼が間違ってしまうと、全国が間違った道を歩むことになる。文革の後、人々は自分の肩の上にも頭が載っていること、自分で物事を考えることができること、そして、他人の思考をもって自分の思考に代えてはならないことに気づいた」。

全体的に見ると、文化大革命に参加した若い学生は文革前と文革中における空虚な理想主義と盲目的なヒロイズム、及び熱狂的な個人崇拝を捨てたのである。彼らはもはや指導者の意思を絶対的な命令として従うこともなければ、「一万の言葉にも勝る」「最高指示」の存在を信じることもない。ある者は憎悪をもって、ある者は苦い気持ちで過去の革命に対する信念に対処している。なぜなら、それが自分を欺き、愚弄し、場合によってはあらゆる苦しみを自分にもたらしたからである。この世代の人は政府によるイデオロギーに関する宣伝に対して、疎遠、警戒、嘲弄といった態度を取っている。とくに階級闘争の名目で行われる政治運動に対して、否定的な態度を取っている。八〇年代の中国では、「精神汚染の除去」や「ブルジョア自由化に対する批判」を代表とする幾つかの政治運動が展開されたが、文革を経験した若年層と中年層の人々の間では、このような政治的な号令に応える動向が全く見られなかった。人々の観点は必ずしも一致しているわけではないが、文革に似たような粛清や批判運動の再燃に対する嫌悪・排斥の態度においては一致している。日常的にはそれぞれ異なる言動を取っているかもしれないが、文革中のように政治運動の積極的な参加者になることを嫌がる点では、みな同じである。

文革を経験することで、人々は抑圧や鎮圧に抵抗する能力を大いに向上させた。人々は権力者が民衆に対して独裁を行うための秘密を知ってしまったのである。つまり、権力者たちは一般大衆を鎮圧する暴力を持っているが、ちょっとしたことではそれを使うことがない。暴力は人々に常に恐怖を感じさせるダモクレスの剣に過ぎないのである。人々が独裁者に従うのは、まれに暴力による鎮圧の実行に起因することもあるが、多くの場合は単に暴力による鎮圧の可能性という脅威が常に存在しているからである。しかし、文革中に多くの人々はすでに批判闘争や逮捕そのものを見聞きしたため、彼らにとって、ありふれた威嚇はもはやそんなに効き目のあるものではなくなった。

私がよく知っている例を一つ挙げよう。一九八九年の春、幾つかのグループの知識人が公開書簡を発表し、魏京生などの政治犯の釈放を要求した。当局はすぐさまそれに反応し、公開書簡に署名した知識人を、直接訪ねるか、知り合いを通じて警告を発した。そして、宣伝工作を通じて、この事件の背後には「海外の民主化運動」の影があると断定した。言わんとするところは、つまり、海外の反動勢力が背後でこの事件を操っているということだ。このようなやり方は、以前なら、極めて有効な手法であった。この時も年配者の間ではきちんと機能した。署名した知識人のうち、何人かの高齢者層の知識人が圧力に屈して翻意し、自分は情況をよく知らずに署名したと主張を変えた。しかし、このやり方は若年層と中年層の知識人には効果を発揮しなかった。その中の一人は以下のようにコメントしている。「このようなやり口は文革の中でたくさん見てきた。中国共産党の思考と行動のロジックは常にこの通りである。つまり、異なる意見が出ると、その原因はさておき、まずその背後に何らかの陰謀があると断定し、画策・指揮する黒幕がいるとして、力を集中してリーダー格に打撃を加える。そして、その他の一般人を騙された者として扱い、彼らに告発を強要する」。となると、ほとんどの人がもはや鎮圧者の行動に追随しようとしなくなったとき、打撃を受けて孤立していた人が以前のようにパニックに陥ることがなくなったとき、そして、一般人も裏切ることで利益が得られると信じられなくなったとき、文革前と文革初期における鎮圧方法は自然と効果を失うであろう。

文化大革命が終わって、二〇世紀八〇年代に入ってから、若い学生を代表とする民主化運動が出現し、だんだん勢いを増してきた。この種の運動は明確に民主化と自由をスローガンとして打ち出し、少しずつ現行の一党独裁の制度を変えようとしてきた。これは一九五七年に毛沢東の呼びかけに応えて起きた「大鳴大放」[「百家争鳴、百花斉放」の略]とは異なるし、文革中に毛沢東の扇動によって起きた「造反運動」とも異なる。これは大衆による自発的な運動であり、世界公認の価値基準の導入を要求するものである。共産党内の派閥闘争に左右ないし影響された運動ではない。実は、一九七六年四月五日に起きた第一次天安門事件をこのような真の民主化運動の端緒とみなすことができる。第一次天安門事件は大衆が党内の穏健派である周恩来を記念・支持し、文革派に反対する活動であるが、その基本的精神は専制と独裁に反対するところにあったのだ。「始皇帝の時代はもう永遠に過ぎ去ってしまった」というスローガンは天安門広場でひときわ人々の目を引いた。このスローガンは中国人の覚醒を示しており、中国における真の民主化運動の始まりを意味した。その限りで言うと、文革の終結は民主化運動の出現と同時に起きたということになる。

文化大革命と民主化運動の関連性に気づくのはさほど難しいことではない。フランツ・ミッシェル（Franz Michael）は早くも一九六七年に以下のような予測をしている。「毛が党組織を攻撃したのは、大衆の不満を起爆するための道を開くためである。そして、偶像の転落に伴って、それは反共産主義そのものに繋がるかもしれない」。また、ヨセフ（W.A. Joseph）は以下のように述べている。「政治の変革に関するもっとも緊急で、もっとも説得的な要求は以前の紅衛兵、とくに運良くきちんとした教育を受けた人から出ている。彼らは今、国内国外を問わず、運動の最前線で中国の民主化の先鋒として活動している。彼らは同年代の多くの人と同様に、政治について懐疑的精神を有しているが、他の人と違ってこれに積極的に関与しており、無関心の態度を取っていない」。この二人の中国問題の専門家の指摘は正しい。大衆は毛に唆されて党内における毛の政敵を攻撃したが、その後、党そのものに対する攻撃へと発展し、文革運動の先兵だった一部の紅衛兵と造反派は、運動の後期に民主化運動に身を投じたのである。

## 文化大革命の逆説

ただし、この点に関しては、もう少し詳しく分析する必要があると思われる。当然の疑問として、憲法や法治の観点からすれば、文革は反民主的なものであって、共産党内の血腥い闘争がどうして民主化運動を生み出せるのだろうか、と人々は疑うだろう。まさか、毛沢東が文革中に提唱したいわゆる「大民主」が、本当の民主を生み出したとでもいうのだろうか。そうではない。以前の造反者が後の民主化活動家に変転したときにも、彼らの理想と造反の精神は残されていた。しかし、彼らが追い求めるモノには大きな変化が見られる。多くの場合、それが以前と真逆になった。

ヨセフは以前の紅衛兵が今の民主化運動の先鋒になったと指摘した後、以下のように述べている。「彼らは再び中国の政治制度に対して意味深くコメントした。しかし、今彼らが要求しているのは、権力分立、監督、相互制約、選挙、法治、出版の自由といったものである。つまり、彼らがかつては資本主義の罠として見下した原則と手続に他ならない」。

文革中に「民主」というスローガンがことさら大声で叫ばれた。これには毛沢東が政敵を打倒するために、民主を利用して大衆の支持を獲得しようとした一面もあれば、人々が毛沢東の民主に関する定義（「資本主義の道を歩む実権派」の打倒）に従って行動すると同時に、理念的には民主の普遍的な価値を認めた一面もある。毛が魔法のランプから「民主」という魔神を解放した時、それが永遠に自分の忠実なるしもべとして仕えてくれると期待したが、実際のところ、それをコントロールするどころか、魔法のランプに再び閉じ込めることもできないのである。長い間、共産主義体制と伝統的な独裁文化による二重の束縛を受けて、数少ない先進的な知識人の心の中にしか存在し得なかった民主化への要求は、なかなか公の場で表現される機会を得られなかったが、文革がまさにまたとない機会を提供してくれた。前述の通り、文革の結果は党の権威に大打撃をもたらし、人々に自律的に思考する能力を与えた。これは間違いなく、人々が民主化を求める精神的な力を増強させた。

民主化に対する願望を民主化の獲得に必要な行動へと変えるのに、最大の障害は人々の恐怖である。文革は人々の恐怖を大いに軽減した。とくに若い学生にはその効果が顕著である。彼らは中華人民共和国の歴史の中で、初めて人民を動員・団結させた際の巨大の力を目の当たりにした。そして、権力者の力は無制限のものではなく、大衆が孤立していなければ成り立たないものだと気づいた。文革中における闘争の紆余曲折は、彼らに一時的な失敗や挫折が徹底的な失敗を意味するわけではないことを教えた。権力者が人に「反革命分子」のレッテルを貼っても、すぐさま名誉回復される可能性もあれば、それによって権力者自身が失脚する可能性もある。以前なら、いったん政治的なレッテル（たとえば、「右派」とか「反革命」とか）が貼られると、人々は恥ずかしくて頭を上げられなくなるが、文革を経験した後、人々はもうそんなことに恐怖を感じなくなった。文革以前なら、警察に呼び出されると、人々は重い気持ちになり、浮かぬ顔をし、隣人や同僚に伝染病患者のように扱われ、接触を避けられるが、文革の後、人々はもう鼠が猫に遭うような気持ちで警察による呼び出しに対処することはない。警察による監視や盗聴、メールの検閲に対しても、同様である。

文革は人々の、とくに若い学生の政治に対する興味をも刺激した。私がインタビューした一人は以下のように述べている。「文革以前なら政治はタブーであったが、文革の後、人々は誰しも政治に参加できることに気づいた。我々は自分たちが文革中に結構上手くやったと感じている。当然ながら、文革は本当の意味での社会変革ではなく、我々もただ籠の中で踊っていただけだった。しかし、踊りに夢中になると、ついつい籠の外で踊りたくなってしまう」。文革は多くの人々を鍛えて、政治闘争と鎮圧に抵抗するための方法を彼らに教えた。

文革中の壁新聞「大字報」は主に「資本主義の道を歩む実権派」を告発・批判するために使われていた。しかし、人々はそこから言論と世論の巨大な力を認識し、言論の自由こそ権利なき者が自身の権利を獲得するための重要な武器だということに気づいた。しかも、文革が人々にこの武器を上手く使う能力を与えた。文革以降のあらゆる民主化運動において、それが常に民主化活動家と大学生の主要な武器であった。文革中の「大字報」は言論の自由その

ものを意味するわけではないが、人々に言論の自由の価値と力を気づかせた。中国の民主化運動の有名な指導者の一人である胡平は、言論の自由が中国の民主化運動の基礎であると常に強調している。今日のインターネット時代において、情報と言論の伝達作用が更に際立っている。ここ数年、中国では数え切れないほどの市民による権利保護活動が起きた。そして、人々を発動・組織・団結させたツールはいつも電子メールであったり、マイクロブログであったり、携帯によるショートメッセージである。

一九八九年に起きた、中国の若い学生による民主を求める平和的な抗議活動は、現代中国の民主化運動における一里塚である。この事件の中にも、文革の亡霊の影が見られる。一九八九年以降、海外に亡命した有名な作家である鄭義は、自分の回想録の中に以下のようなことを書いている。彼自身が積極的に一九八九年の事件に参加しており、闘争のキーポイントに差し掛かったとき、学生にハンストによる抗議という方法を提案した。そして、この方法は彼が文化大革命の中で「造反派」による闘争を観察して学んだのである。彼は絶食による闘争が生み出した悲壮感と衝撃力に強い印象を受けたため、二〇年以上経っても、記憶が鮮明に残っていて、学生に提案したわけである。この行動を人々がどう評価するかはさておき、周知の通り、ハンストによる抗議は一九八九年の天安門事件においてもっとも注目された出来事となった。

他方、文革は当時の中国の実権を握っていた鄧小平の心にも、拭えない暗い影を残した。文革研究の専門家でアメリカの著名の学者であるマックファーカー（Roderick MacFarquhar）は以下のように指摘している。つまり、鄧小平が一九八九年の事件で示した思考と行動のロジックは、彼自身が文革で経験したことと密接に関連している。彼は学生による抗議活動を文革で起きた「造反派」による権力者に対する攻撃の再来と見た。彼が学生の鎮圧を命令したのは、「造反派」に対する恐怖と憎悪の気持ちに起因する、と。マックファーカーの観察と評価は間違っていない。鄧小平が一九八九年の学生による民主化運動を文革中の「造反派」の活動と見なしたのは、彼自身の誤解と偏見であるが、その心理に支配されたからこそ、彼が鎮圧という決断を下したのは、紛れもない事実である。政府系メディアの公式報道によると、六月四日の鎮圧活動の後、鄧小平は戒厳部隊の軍高官と接見する会議において、一九八九年の民主化運動に参加した人の中には、文革中の「造反派」の人間がいると述べている。

私から見れば、今日の中国の現実で、文革と最も関連しているのは、「太子党」（共産党の高級幹部を親に持つ指導層の総称）が党・政府・軍隊・財界といった領域で重要な地位を占めていることである。これは文革初期に流行っていた「血統論」の全面的な勝利を意味している。文革が始まったばかりのころに、高級幹部の子女がすでに「親が英雄なら子は好漢、親が反革命なら子はゴミ野郎」というスローガンを提起し、それを代表思想とする血統論を主張した。彼らは、「権力は命の連続に繋がっている」と吹聴し、「高級幹部の子女こそが権力を握るべ

きだ」と叫んでいた。しかも、彼らの先天的な優越的地位を認めてくれない人を「張り倒して、踏み潰し、永遠に起き上がれないようにすべきだ」とまで主張していた。中国では数千年にわたり「子が父親の地位を継承する」というやり方が維持されてきた。中国共産党が指導する中国においても、それが変わらないというのが彼らの言い分である。

血統論が最も強く主張されていたとき、北京市の青年労働者である遇羅克が勇気をふるって立ち上がり、この謬論を正面から批判した。彼の意見は全国各地の若者から心からの支持と熱烈な賛同を得た。多くの地方では、人々は夜な夜な懐中電灯の光を借りて、彼の文書の朗読と書き写しに時間を費やした。彼のところには毎日応援の手紙が届いていて、多いときは、一日で何袋もの手紙が届くこともあった。それを見れば、血統論が中国にどれだけ悪い影響を及ぼしたのか、そして、人々がどれだけ切実にそれに反対していたのかが分かるだろう。結局、遇羅克は思想犯として逮捕され銃殺されてしまった。彼の意見を支持した一部の若者も同じ道をたどった。文革が終わった後、遇羅克は烈士・英雄として名誉が回復され、血統論は悪名高い謬論として、厳しく批判された。

ところが、ここ十数年の事態の発展を見ると、反血統論の勝利は単に道義的なものであって、世論レベルのものに過ぎなかったことが分かる。血統論は事実上の、体制レベルの勝利を獲得したのである。今日の中国における副部長（副大臣）・副省長（副大臣と同レベルの地方行政首長）クラス以上の幹部や、軍の将軍、国有大企業の社長や副社長の家庭背景を調べれば分かるように、今の中国の政治、経済と軍事資源はもうほとんど「太子」たちによって分割・独占されている。今日の中国社会では、「赤い二代目」（革命の指導者の子孫）や「官僚の二代目」（現在の党・政府役人の子孫）といった言葉が流行っている。これは、中国の権力が幾つかのファミリーによってコントロールされていて、政治や経済的利益が血縁関係を通じて代々相続されていることを示している。

こういった現状は、法治主義を実現し、現代的かつ文明的な中国の形成を目指す歴史の発展に逆行している。このことは、中国人が民主主義と自由を勝ち取るには、まだ長い道のりが残されていることを示している。また、文化大革命を徹底的に批判することは、中国が立憲民主制に向けて歩み出すのに欠かせない重要な一歩であることをも示しているのである。

【コメント1】

# 文化大革命の「二重性」について

遠藤乾

司会の鈴木賢先生に、旅行団の一員として北朝鮮に連れていっていただいたのが一九九七年のことでした。それ以来、アジアに目が開いてしまった、という状況です。外野からでありますが、国際政治の専門家として、遠いところから矢を放つような感じのコメントになることを前もってお断りしておきたいと思います。

まず徐先生にお礼を申し上げます。とりわけ二つの点で、とても勉強になりました。ひとつは、文化大革命と薄煕来のキャンペーンの類似性についてですね。もうひとつは、文化大革命の二重性というか、その弁証法的な把握といったものです。つまり、文革は明らかに犯罪的ともいえるほどの反自由、反リベラルな運動であったのは間違いないのですが、同時に、民主的な参加の経験でもあった。そういう二重の把握の仕方についてです。

学生の時分に読んだ矢吹晋さんの『文化大革命』という本（講談社現代新書）をしばらくぶりに見直していたら、ちょうど、こういう文章がでてきました。「文革という苦い果実を食べた若者のなかから、社会主義を根底から疑うものがでてきたことは、文革の最大の成果ではなかろうか」。それは徐先生の今日のお話にも通ずるところがあると思いました。

そのうえで、三点、お聞きできれば幸いです。一つは、まさに文革のアナロジーで、今回の薄熙来のキャンペーンを捉えることの妥当性についてです。あるいはその射程といったことです。今日の徐先生のお話は非常に説得的でした。同時に、よくよく考えてみると、薄熙来は結局失脚してしまいましたが、毛沢東はそのまま権力の座に残っていたこととか、薄熙来の運動は一応ローカルに止まっており、全国的な共鳴があったとしてもそれは中国全土を巻き込んだ文革の

足元にも及ばないとか、いろいろ相違もある。文革はまた、まるまる一か年分の国民所得分に達する経済的な損失をもたらしました。また、具体的な数字が残っているのかどうかは知りませんが、政治的なものや文化的なものを含めた損失の度合いからみて、どこまでアナロジーが有効なのか、ということです。これが最初の問いです。

もともと質的アナロジーですから、違いがあるのは当たり前なのですが、その違いにどのような意味があるのか、併せて問いたいと思います。つまり、薄熙来の運動が全面化しなかったという事実の裏には、消費主義（コンシューマリズム）なども含めて、中国の人びとが何らかの形である種の自由を享受しているという動かしがたい事実があるのではないか、という質問です。

二つ目に、やや混乱している点をお聞きしたいと思います。徐先生は、基本的に文化大革命の否定的な側面をお話しされました。それはよくわかります。その上で徐先生は肯定的な側面にも触れておられます。そのことと、文革を徹底的に批判しなければならないという結論部分との関係についてお尋ねしたいということです。文革の肯定的な側面について、徐先生はご論考のなかで「ダモクレスの剣」の話に言及しています。私なりの把握の仕方ですが、共産党のいつものやり方というのは、違う意見があればすぐ陰謀ということにしてそのリーダーを抹殺する。そういうある種の、共産党による伝統的な抑圧の手法が文革によって変化してしまっ

た、そういう抑圧の仕方というものの効力が、薄くなってしまったというご主張だと思うんですが、これは事実なんだろうか、抹殺や抑圧の恐怖はどの程度消えたのか、ということです。それから、関連して、文革の弁証法的な把握というか、二重性の把握についてですが、人びとが運動をつうじて政治に「参加」したという経験だとか記憶だとか方法だとかといったものは、たしかにおっしゃるように人びとの心象風景に残っているのだろうと思います。ただし、徐先生曰く、一九八〇年代には、文革について限定的な議論しかされてきませんでしたし、九〇年代になると、文革の抑圧というものについて多くの人は忘れてしまいました。それを背景にして、薄熙来みたいな人が出てきたというお話だったんですが、「抑圧」は忘れ、「参加」だけが残っている、という把握でよいのかどうか、まだわからないままなのです。

三つ目は、文革が初めての民衆運動であったと徐先生が主張されている点についてですが、そういう位置づけは、どのくらい妥当なのか、ということです。文革を通じて、ここで初めて中国では民衆運動が成り立ったというメッセージを、私は受け取りました。つまり文革の終わりがそのまま民衆運動の始まりであり、ここから民衆運動が始まったのだと。私の横には中国の専門家が並んでおりますので深入りはしたくないんですが（笑）。中国人がそこで初めて「参加」というテイストを覚えたというとき、例えば二〇世紀初頭の五四運動はどう位置付けるべきか。「最初の」というとき、それは中華人民共和国史において初めての、という意味なのか。

さらにいえば、五四運動は民衆運動であったのと同時にナショナリズムの運動であったと思います。その延長上で、やや今日のお話しの射程の外に位置しますが、徐先生のご持論との関係で質問をさせていただければ幸いです。私は徐先生の政治哲学の論文を、日本語と英語のものは手に入る限り読ませていただきました。そこでは、徐先生のリベラリズムに対する深い思い入れというものに感銘を受けました。他方で、今日積極的に評価された民衆運動や参加というのは、ナショナリズムと結びついて盛り上がってしまう側面が多々あるのではないか。下から噴出する運動や参加に対して、リベラリズムは本来、解毒剤や中和剤の役割を果たしうるはずですが、他方で、自由が集団的な独立や自己決定と同義になってしまうと促進剤にもなりうる。私は、（特に中国の新左派に対抗して）平等という概念が自由を前提にしていると強調される徐先生の哲学的なストラテジーを理解しているつもりですが、平等と対比した先の自由にはすごく奥行きがあり、それはすごく難しい概念ですね。釈迦に説法のようですが、フリーダムなりフライハイトなりという概念は、独立という意味も含む。つまり、自由という豊かな概念の分別が必要で、そうしないとナショナリズムとリベラリズムというのは容易に結びつきうると思います。つまり、リベラル＝ナショナル＝デモクラティックな盛り上がりというのが、運動として成り立ってしまいうる。そういう運動というのは、実は中国の歴史のなかに遡れば、五四運動以来ずっとあったのではないか、とも感じています。本当に初めての民衆運動だったのか。そうではなくそれは歴史に何度となく現れ、時にナショナリズムと結びついたものだったのではないか。とすれば、自由、ひいてはリベラリズムの分別、差異化をしていく作業が並行して求められるのではないか。そのように問うことは、日中をはじめとする国際関係にも大きな含意をもちうるのではないだろうか、と考えています。

【コメント2】

# 成功体験と失敗体験のあいだ

## 中国共産党の記憶

川島真

### はじめに

本稿は、徐友漁「文化大革命対当代中国政治的影響」報告に対するコメントとして述べたものに加筆修正したものである。筆者の提起した問題は、徐報告に触発されるかたちで、共産党自身の過去の記憶、とりわけ成功体験としての革命と、失敗体験としての文革という点にあるので、表記のようなタイトルとした。

徐報告は、重慶における薄煕来による政策の核心を「唱紅打黒」だとし、「唱紅」が文革の「紅海洋」に類似し、また「打黒」における法治を破壊するという側面も文革に相似し、そして重慶における薄を顕彰する歌も、文革期の毛沢東の個人崇拝に重なるとしている。これらの類似性、相似性と同時に、文革になぞらえられるこれらの要素が重慶のひとびとの支持を集めたという点に、中国政治、中国社会のありかたが反映されている、というのが徐の見解である。中国社会には矛盾と衝突が際立っており、毛沢東も薄熙来もともにそれを利用し、公正、平等、特権反対などといった旗印をたてて、群衆を煽り立てたというのである。

そして、文革の残したポジティブな面があるとすれば、文革体験によって人々は独立意識、民主意識などを育み、結果的に現代中国の民主化運動を促し、天安門事件にも影響することになった、としている。他方、文革の残したネガティブな影響には、文革期に流行した血統論が以後も残り、それが太子党の中国政治、経済、軍事に対する影響力を保持させていると指摘している。

徐も報告の際に指摘していたが、重慶での薄の政治手法を文革になぞらえることは、これまでもしばしばなされていた。だが、二〇一二年三月の全国人民代表大会後におこなわれた温家宝総理の記者会見で、シンガポールの『聯合早報』の記者による、「この数年、あなたは様々な場所で、何回も政治体制改革に言及し、大いに注目を集めてきました。何度も政治体制改革に言及してきたのはなぜでしょうか。中国の政治体制改革を推進する上で難しいのはどのようなところにあるのでしょうか」という質問に対し、総理の口から「文化大革命のような歴史的悲劇をふたたび発生させるようなことがあってはならない（文化大革命这样的历史悲剧还有可能重新发生）」との言葉が飛び出し、大いに物議をかもした。★1 この議論は、社会に対する使命感をもつ知識人たちを大いに刺激した。だが、知識人の議論は、民衆の政治参加を導いた重慶的な手法を評価する向きと、民衆の政治参加を利用する文革の再来としてそれを批判する論調とに、方向が分かれた。徐報告は、そうした中で後者の論調に属するものである。

本稿は、中国の知識人の論争に分け入ろうというのではない。日本で中国研究をおこなう者として、文革と重慶の政治状況を比較してとらえる状況、またそれに関する議論それじたいも検討対象として、またその議論の重要な一角を占める徐の議論に対してコメントを加えるものである。

## 1　専制・権力への問い直しとアイロニー――歴史学からの問い

徐報告を聞いて、まず注目したのは、「一九四九年以来、中国人民には政治参加の機会がなかったが、彼らにとって唯一政治に参加したと実感できる経験が文化大革命だったのである。

このような経験に基づいて、ひとびとにとっては、貪汚腐敗に反対し、社会の公平を実現する現行の方法が役に立たないので、唯一の問題解決方法が文化大革命の再来しかないということになったのである。絶望した人々の心、目には、文革中の苦難は消え去り、抑圧もまたなくなってしまったのであった」といった部分である。ここでは、文革がひとびとの政治参加の機会であったと捉え直されており、別の部分でも「実のところ、文化大革命は官側が描き出した、反革命集団が毛沢東を利用しおこなった誤った陰謀である、というようなものではない。また、一部のひとびとが単純に考えているような、また文革に反対した人々が思っているような、ひとびとがただ騙されただけだという、ものでもない。われわれは、ひとびとを悩ませ、理解しがたいひとつの事実を直視しなければならない。それは、文革が億万の中国人から擁護されていたこと、彼らは心の底から、甚だしきは狂ったように熱狂してこの政治運動に参加した、ということである。なぜ多くの中国人が文革を叫んだのかを理解するためには、どのような動力が中国人を文革へと駆り立てていったのかということを理解しなければならない」ともしている。そして、その解答として、社会の弊害、矛盾を逆に利用して、その解決を謳いながら、ひとびとを動員していくこと等が挙げられるのである。

このような問いの設定は、近年の歴史学における議論と親和性がある。ファシズム研究では従来、「強力な権力者と無辜の民衆」という二分法がとられる傾向にあったが、昨今は民衆の

体制への参加があってこそそのような体制が形成されたのではないか、とりわけ平時の制度では政治参加が叶わない層などによる政治参加が、そのような体制の形成にむしろ寄与した側面があるのではないか、という問いかけがなされるようになってきている。[★2] この議論は、権力論ともかかわる。権力者がひとびとに対して、したくないことをさせる、したいことをさせない、といったことだけでなく、ひとびとが次第に権力者の考えを先読みして行動するようになること、そういった論点ともかかわることだとも思われる。

中国に文革論がこのような専制、権力、そこにおけるひとびと、といった論点と関わるかたちで展開され始めたことは、とかく一君万民的なイメージで語られがちな中国政治（史）を見る上でも重要なことである。

他方、この「体制に参加する民衆」といった議論は、一面で大きな問題を抱えている。一般論としてみれば、このような議論を進めれば、その体制擁護論にも進みかねず、責任を民衆に転嫁する可能性もあるからだ。たとえば、東アジアの歴史学界で、中国大陸における満洲国なり、汪精衛政権なりと日本の関係について、中国大陸における「体制に参加する民衆」の存在が、その体制を支えたという論調を容易にとることができるかと考えれば、自ずからこの議論のもつ問題性がわかるであろう。つまり、文革に政治参加論をもちこむことは、いわば毛沢東をふくめ文革遂行者の問題性を希薄化させていく可能性があるのである。

ここで指摘すべきは、文革期におけるひとびとの政治参加を強調する議論が、やはり毛沢東らの文革における責任を突き詰めて追及しようとしない論調と「共犯関係にある」ということである。文革スタイルでの政治参加は、制度化されていない民主と自由の下で、ある種の動機づけと煽動によって生じるものである。その政治参加を肯定的にとらえることは、制度化されていない民主と自由の下に、体制側の意図に基づいて動員されることを肯定的にするだけでなく、そのような体制の存在を否定的に捉え、民主や自由を制度化させていこうとする動力を弛緩させるのである。徐の議論の力点はまさにそこにある。

だが、一般的な専制、独裁における民衆論とは異なり、この議論にはアイロニーがある。それは、文革期に〝政治参加〟した経験をもってしまった人々が、抑圧の経験を忘れるほど時間がたったあと、やはりさまざまな社会矛盾ややるせない状況に直面した時、公正、平等、そして矛盾の解決といった言辞の下に、ふたたび文革的な〝政治参加〟を「民主」だとおもっておこなってしまう、というアイロニーである。抑圧の記憶とともにあったはずの、政治参加にまつわる記憶がよみがえり、ふたたびその回路を利用する者を賛美してしまうのである。

記憶の多元的な形成と、その蘇り方の不規則性は、文革に限ったことではないだろう。たとえ民主化した国であっても、民主主義の制度や枠組みが硬直化するとき、また社会における諸矛盾が民主主義によって解決できないとき、かつての圧政下の〝政治参加〟の記憶が蘇ることがあるかもしれない。それだけに、徐報告のつきつけた課題は、中国だけのものではなく、日本も含めて世界が受け止めるべき内容を含んでいると考えられる。

だが、徐報告の提起している問題について、その解決への道筋を示す上で参考となる事例を提示することは難しい。民主化していない政治空間において、為政者によって動機づけられることを通じて、参照され、再利用される圧政下の政治参加の記憶の影響をたちきり、いわゆる西洋型の「民主化」へと促していく、ということを体験した国や地域は必ずしも多くないのではなかろうか。その点で、権威主義体制下での民主化の事例が同様に「抑圧下の動員」の記憶をはらみつつ「民主化」した事例として参考になろう。つまり、「解決」は難しいが、類似例を見出すことは可能だということだ。戦時動員を経たあとの、戦後民主主義もまたその一つかもしれない。

## 2　ふたつの「民主」の交錯

中国における「民主」、あるいは「民主化」の議論をする場合、用語の混乱が生じることがある。西洋思想史の専門家である徐の使用する「民主」は、先進国で使用される「民主」と大差なく、その報告でも「憲政民主」という用語が使用され、文革や重慶モデルの説明では、「民主」ではなく「政治参加」という用語になっている。しかし、全国人民代表大会を最高議決機関とする中華人民共和国は、「民主」を否定していない。[★3] これは徐報告が指摘しているところである。だが、やや複雑なのは、「（前略）この二人の中国専門家の述べていることは正しく、毛沢東の刺激によって、党内の毛の政敵に対する攻撃をおこなったが、のちに党自身を攻撃することへと発展し、一部の文革運動の先鋒たる紅衛兵と造反派は運動後期には民主運動に身を投じたのである」というように、「ふたつの民主」の間が架橋されているということだ。[★4]「文革中の〝民主〟のスローガンが大いに広がりを見せたが、これはもともと毛沢東が政敵を倒す必要性から生み出されたもので、そこでは民主が毛沢東の群衆動員のための手段になってしまっていた。但し、別の一面もあり、ひとびとは一面で行動上は毛沢東が民主の内容として与えた走資派を打倒するということを実践しながら、理念上は民主という普遍価値を肯定するようになったのである」と述べられているように、「民主」を解き放ったのはむしろ毛沢東だと言うのである。だとすれば、重慶モデルもまた、「民主」をふたたび解き放つ契機になった、ということにはならないだろうか。

しかし、徐は文革における「民主」を否定する。「しかし、われわれがしっかりと分析しなければならないのは、憲政と法治の観点から見た場合、文革は反民主なのだが、ではこの党内における血みどろの闘争がどうして民主運動を育むことができたのか、というひとびとが自然に疑問に思うことなのである。まさか、毛沢東が文革中に提唱した、いわゆる『大民主』が真の民主を導くとでも言うのか。それはちがう。以前の造反者が後の民主追求者になろうというとき、彼らの理想と造反精神は留保されるものの、ただ彼らの追求しようとする内容は大きく変わり、多くのものが以前とまったく相反することになったのである」。

つまり、毛沢東や薄熙来の「民主」は「真の民主」ではないが、「真の民主」を育む契機となった、というのが徐の説明である。繰り返しになるが、この説明は重慶モデルにおける政治参加を、「民主」だとは言えないが、「真の民主」を育む契機になるはずだ、という議論に結びつく。文革や薄を否定する議論も、実はそこに肯定的な側面を見出してしまっている。

また、徐の議論に従えば、大きな皮肉であるが、共産党が文革型の政治を波状的に繰り広げれば繰り広げるほど、自らを危機に追い込んでいくということになり、また「真の民主」が実現する機は熟するということになるまいか。むろん、そのようなことがなくても、現段階において、天安門事件型の「(真の)民主」へと向かおうとする運動が継続することによって民主化に至るというのなら、アイロニーの拡大は不要ということになるが、この点、徐は明確にはしていないようである。

現在の中国では多様な「民主」「自由」が論じられている。徐の考える「民主」が、ほかの多様な「民主」に対していかにして優勢となることができるのか、興味深いところである。

## 3 重慶と文革の相違点――「苦難」と大衆の記憶

これは報告者も重々に承知していることであろうが、文革と重慶の相違点も多く存在する。その第一は、文革の与えた「苦難」に類するものが、薄による政治にはあったのか、ということである。第二は、それぞれの「終わり方」が異なることである。

まず、「苦難」について。紅衛兵による走資派摘発、粛清の動きと、重慶の打黒とでは、そこに暮らす個人の感じる恐怖心に大きな隔たりがある。その苦難が強かったからこそ、文革については一九七〇年代から八〇年代にかけて、その記憶を呼び起こすことができなかったということだろう。それに対して、重慶ではある種の「恐怖」は与えられたであろうか。無論、摘発対象になった企業であったり、あるいは犯罪まがいの行為により「粛清」されたひとびとの周辺は、そのような恐怖を味わったであろう。だが、「大衆の記憶」としての「恐怖」なり「苦難」は残らないのではないか。そうだとすれば、この薄による文革型政治動員は、「(真の)民主」ではないにしても、文革期にもあった「政治参加という体験」のもたらす効果は、「苦難」や「恐怖」という蓋がなされていない以上、意外に早くその体験の効果が出る、ということになるのだろうか。あるいは、「苦難」があってこそ「体験」が重要だったということなのだろうか。

この点は、第二の論点である終わり方の相違、ともかかわっている。文革は、政治闘争としての幕引きがなされ、毛沢東も批判にさらされた上、「歴史決議」などによって公定の評価と記憶作りがなされている。重慶については、目下のところ、薄の家族の刑事犯罪と政治手法の問題が絡み合いながら処理されており、公定の評価がなされるとしても、その認識を強く民衆に植え付けるところまでは至っていないし、実際に植え付けることも、現在の中国では困難であろう。そうした意味で、重慶モデルの残したものは、さまざまに乱反射していく可能性があるのではないだろうか。

文革と重慶モデルの相違点を考えると、重慶での「政治参加」の効果は、意外に早く、またさまざまなかたちで、局地的にせよ、あらわれてくるのかもしれない。少なくとも、文革と重慶の共通点を以て思考の糧とした本報告に対しては、相違点から考察することは、議論をする上で必要な、頭の体操であろう。

## 4　失敗体験と成功体験

「大民主」を掲げ、民衆の政治参加を促すことによって政敵を攻撃させ、結果的に国内の大混乱を生んだ文革は、共産党統治の「失敗体験」として、公的な記憶に刻まれている。だが、社会における制度や秩序における諸矛盾を際立たせ、「民主」「自由」の話語権（言論上のイニシアティブ）を握ったうえで、大衆を動員して政治闘争をおこなうという手法は、文革によって創始されたわけではなく、程度の違いこそあれ、共産党が本来持っていた政治手法と言うこともできる。まして、文革における闘争のターゲットが「走資派」であったことを想起すれば、まさに国民党との国共内戦こそ、そのような手法がとられた原体験ではなかったかと見ることはできないだろうか。共産党は、むしろこの手法に基づく政治闘争における成功体験をもっており、その手法を過激化させて党内闘争に利用したのが文化大革命だ、と見ることができるか

もしれない。★5

国共内戦期、共産党は社会における諸矛盾を階級闘争に結びつけるとともに、「民主」「自由」という標語を自らのものとし、蔣介石を「専制」「独裁」だと批判し、自ら正当性を獲得していくことに成功した。また、徐報告が指摘するような法をめぐる問題について、内戦期とどのように比較するかということもあるが、国共内戦期に法による秩序が確立していなかったことは確かであろう。

共産党にとって、文革は失敗体験であろう。しかし、国共内戦における勝利は成功体験であるはずであった。だが、中国共産党にとって、かつてその正当性を支えたはずの「革命」が、次第にその意味合いを変えてきているのは周知の通りである。すなわち、その矛先が自らに向けられる、次なる「革命」が生じることは共産党にとっては恐怖となる。まして、党の幹部による腐敗が指摘され、社会における矛盾が、共産党に対する怒りとともに生じているとすればなおさらである。

中華人民共和国にとって建国六〇周年となった二〇〇九年に製作された記念映画「建国大業」は、「革命」を基調としたものではなく、むしろ連合政府論から第一回政治協商会議に至る過程に重点をおき、民主諸党派などから共産党がいかに支持を受けたかという、「民主」「自由」を自らのものとした共産党の正当性を、「革命」重視の言説とは異なるかたちで示したものであった。無論、第一回人民政治協商会議の段階で共産党が権力を完全に掌握していた訳ではない。[★6]だが、その後の記憶作りにおいて、共産党は一九四九年の中華人民共和国建国段階でプロレタリア独裁が既に形成されていたということを強調してきた。すなわち階級闘争の勝利に重点が置かれていたのである。だが、それが調整されはじめているのである。成功体験の内容を調整している、ということもできるだろう。

薄が挑戦したのは、このような共産党による正当性の調整路線であったと見ることもできるだろう。つまり、薄が政治の舞台から退場させられたのは、むろん親族の刑事罰もあろうが、政治路線としては、中央の方針であると思われる正当性の調整、政治手法の調整に薄が必ずしも与さなかったからであり、徐の言う「真の民主」に反したからではないのである。

徐の言う「真の民主」をめぐっては、共産党には共産党なりの「真の民主」があり、またそれに調整がしばしば加えられるなど、まさに「民主」をめぐる「話語権」の争いという局面が生じており、そこに引きずり込まれてしまっているように感じられる。実際の制度的な民主化というよりも、「民主とは何か」という部分の論争における消耗戦に落とし込まれることをいかに防ぐのかという課題がそこにあろう。

## 5　なぜ重慶だったのか

最後に、徐報告の趣旨とは離れるかもしれないが、基本的な問題点を提起しておきたい。薄のキャリアは大連市、遼寧省、および北京中央で重ねられてきた。重慶モデルと言われるスタイルは、大連や瀋陽における統治とどのような関係にあったのか。大連市長や遼寧省長時代に「唱紅歌」をおこなって大衆動員をしていたわけではないようだ。他方、企業との緊密な関係や、「打黒」については大連、遼寧時代からの継続性がある。また、重慶に赴任する際、大連、遼寧以来の一部の人員を帯同していた。そうした意味では、一定の連続性がある。

だが、文革の再来とまで言われる、大衆動員的な手法を、何故この時期に、重慶において薄は採用したのであろうか。これは、この時期だから、あるいは重慶だから採用され、あるいはだからこそ一定の効果を有したのであろうか。この問いは、薄の意図を問題にしているということではない。この重慶モデルなるものが、時間と空間において、一定の条件がなければ成立しないものか否か、という問いでもある。そして、重慶での経験がもたらすかもしれない政治参加への意欲という果実が、（それが本当にあるとすれば）どのように普遍化しえるか、という問いでもある。

薄熙来という人物が、この時期に、重慶でおこなったからこそ重慶モデルが可能であったとするならば、特殊事例として見なせばいい。そうでないならば、今後とも起こりうることになる。そうした意味で、重慶モデルに警鐘をならす本報告においては、ここで挙げたような論点もまた、必要になるのではないかと評者は考える。

## おわりに

徐の提示した論点に対して、ワークショップ当日にコメントした内容を中心に、いくつか思うところを述べてきた。徐の報告は、文革と重慶モデルを比較し、その類似性、相似性を起点とし、文革が結果的に育んだ政治参加への路を指摘しつつ、「真の民主」に至る道筋とそこにおける困難を示そうとした報告であった。徐の主張やスタンスは明白だが、「真の民主」をめぐる状況は錯綜しており、その目指す路が共通の将来像として社会に共有されていく可能性が今後高まっていくであろうか。この点は未知数である。

徐が強調した論点で、本稿で十分に触れることができなかった論点に、「太子党」の問題がある。中国共産党なり中国政府なりが、もはや「成功の階梯」を支えきれず、農村から都市に出て主要大学を卒業しても就職できずに故郷に戻る中で、「紅二代」「官二代」などとされる人々が特権を利用して、社会の成功者となる姿は、まさに社会の流動性が低くなっていることを示している。

歴史を振り返れば、中国では科挙制度がこの社会的流動性を一定程度担保してきた面がある。★7 だが、その科挙制度があろうとも、最終的にはその流動性は下がっていき、最終的には科挙のタイトルを売買する売位売官が広く見られ、いわばタイトルのインフレーションに至って王朝の体制維持が困難になったともいえる。「三つの代表」を掲げる共産党が党員を増加させ、さらに党内の一部に特権階級をつくっていけば、徐の言う「真の民主」への可能性が逆に開けていくのかもしれない。

註

(1)「温家宝：政治体制改革不成功　経済体制改革不可能進行到底」(二〇一二年三月一四日、中国網路ウェブサイト、http://news.cntv.cn/china/20120314/111101.shtml［二〇一二年七月三一日アクセス］)。

(2) この論点は、二〇〇六年のギュンター・グラスの告白とも通じる論点である。熊谷徹「ノーベル賞作家の『告白』の波紋 ギュンター・グラスが落ちた『歴史リスク』の罠」(『中央公論』一二一巻一一号、二〇〇六年一一月号)、グラス・ギュンター著、三島憲一訳「インタビュー六〇年後の今、なぜ沈黙を破るのか」(『世界』七五八号、二〇〇六年一一月号)。

(3) 柳亮輔「国共内戦時期(1945〜1949年)における『民主』概念について――『経済民主』及び『民主精神』を中心に」(『現代中国』、八〇号、二〇〇六年)など参照。

(4) 日本の学界でも、文革における「大衆の政治参加」に注目し、社会における諸矛盾が先鋭化して党内の矛盾、対立となってあらわれ、初期には保守派が大衆の政治参加を促しながらも、一九六八年には党や政府の官僚機関化に反発した、「『両参・一改・三結合』という徹底的な大衆の政治参加、管理参加という形でそれをなくしていこうという方向」になったと指摘した研究者がいた。徐の議論と同様ではないが、興味深い議論である。新島淳良「文化大革命をめぐる理論的諸問題――大衆の政治参加による官僚主義の克服」(『月刊社会党』一三六号、一九六八年八月)。

(5) ただ、薄が用いた手法が文革起源ではなく、共産党が元来用いていた手法だとする見解は、文革への回帰ではないかと批判された際に薄自身が用いた説明であったことにも留意が必要である。本稿は、薄自身の見解を支持する立場にあるわけではなく、共産党にとっての成功体験に修正が加えられつつある際に、薄がそれに逆行したことが問題とされたということを指摘したものである。たとえば、「薄熙来重申〝唱紅歌是回到'文革'説法完全是無稽之談〟」(『重慶日報』二〇一一年七月一日)参照。http://www.people.com.cn/h/2011/0701/c25408-1576550877.html[二〇一二年八月一日アクセス]

(6) 杜崎群傑「建国期の中国人民政治協商会議における中国共産党の指導権」(『アジア研究』五六巻四号、二〇一〇年一〇月)参照。

(7) 何炳棣著、寺田隆信・千種真一訳『科挙と近世中国社会――立身出世の階梯』(平凡社、一九九三年)などを参照。

【コメント3】

# 中国の「新左派」とは何か

石井知章

私の専門は政治学なのですが、もともとは徐先生と同じ西洋政治思想、政治哲学を専攻しておりました。その関係で、今日のコメントも、どちらかといえば、思想史的観点からアプローチさせていただこうと思います。

最近私は、中国の「新左派」の言説をめぐる状況に強い関心をもっています。とくに、日本の中国研究者のなかにおける「新左派」言説の評価について、たいへん大きな違和感を抱いており、それに対して少なからず疑問を投げかけているところです。そういう意味では、今日のご報告のなかで、徐先生から非常に多くのことを学んだと思っています。

今日のご報告にありましたように、今回の薄熙来の解任劇というのは、政治改革の推進か、文化大革命の再来かという選択をせまるものでした。たしかに、重慶でおこなわれたこととは、文革当時の紅衛兵が党内の実権派を追放するという名目で、政治的に対立する無辜の市民をつるし上げたり、きちんとした法的手続も経ずに、任意で無辜なる人々を弾圧するといった、過去の一連の出来事の二番煎じそのものであったと思います。つまりそれは、仮に部分的にではあったとしても、中国社会がいまだに近代的な「法治」ではなく、むしろ前近代的な「人治」のもとにあることを示唆するものである、と私は考えています。

ただ、徐先生が指摘されるように、「文革の再演」といっても、文革という人類社会の常軌を逸した事件がまったく同じように再演したわけではありません。それこそマルクスの言葉でいえば、歴史は仮に繰り返しても、一度目が悲劇としてならば、二度目は茶番としてしか繰り返されないのです。そういう意味で、今回の「重慶事件」は、まさに茶番としての再演だったのだろう、と思います。

当然のことながら、文革当時と現在では、政治的、経済的な背景というものが大きく異なるわけですから、毛沢東時代との完全なアナロジーとしてそれを捉えることは、もとより不可能でしょう。徐先生が指摘されているように、むしろグローバル化した市場経済のもとで機能したのが今回の「重慶モデル」であり、それゆえにここでは、それがどうしてあのように社会的に大きくもてはやされることになったのかについて考えることが、より重要な課題になってきます。この点で私は、徐先生と問題関心をまったく同じように共有しています。

「新左派」というと、日本では西側の「新左翼」と同じようなものとして理解されるきらいがありますが、それはミスリードだと思うのです。私のみるところ、それは大きな間違いで、「新左派」というのは、本来「新保守派」というべきものであって、つまり現在の体制を部分的に擁護する補完的な勢力にすぎないのです。「新左派」のなかでも代表的な論客として、汪暉という知識人の名が日本でも知られていて、最新の著作である『世界史のなかの中国』は、すでに翻訳も出ています（青土社、二〇一一年）。このなかで汪暉氏は、「脱政治化」ということばをキーワードとして、世界史的なコンテクストにおける、中国革命史のなかでの六〇年代、つまり文革の時代の意味を問うています。そこで、日本を含む西側では六〇年代をめぐり、さまざまな形で議論されてきたにもかかわらず、中国ではなぜ注目されていないのか、という問題を彼は問いました。つまり、六〇年代問題について、中国ではある種の「沈黙」が共有されてきたわけですが、その「沈黙」とは、中国の六〇年代の象徴である文化大革命、すなわちその急進的な思想、政治的実践を拒否しているだけではなくて、二〇世紀の中国全体を拒否するものですらあった、といった捉え方をしています。

ここでいう「二〇世紀中国」というのは、辛亥革命前後から一九七〇年前後までを指しているのですが、それはつまり中国革命の世紀そのもののことです。それが終わりを告げるのが一九七〇年代後期から一九八九年の天安門事件、いわゆる八〇年代の時期であったと汪暉氏はいいます。彼によれば、世界史レベルの二〇世紀の政治というのは、政党と国家を中心に展開してきており、その危機は政党と国家という二つの政治形態の内部で生まれたものである。近代政治の主体としての政党と国家がいずれも「脱政治化」の危機にあるという状況のなかで、毛沢東主義への回帰によって、「新たな」政治主体をもう一度探ってみよう、というわけです。そこには、政治領域を再規定しようとする積極的なプロセスが随伴している、そういうロジックで、毛沢東主義の再評価を試みるわけですね。

しかし、私の見るところでは、毛沢東時代というのは、前近代的な手法によって、徐先生の指摘されるところの「践踏法治（法治を踏みにじる）」のプロセスがまるごと隠蔽されてしまうほどに、高度に人権抑圧的で、きわめて政治化された時代でした。汪暉氏はそれを、「脱政治化」（「去政治化」）と呼んでいるのですが、これは「脱政治化」どころか、「超政治化」そのものだ、というのが私の立場です。彼自身は、毛沢東思想の歴史的遺産をもう一度もちだして再評価することが、「未来の政治発展」にむけた契機を含んでいるかのようにいうわけですが、一党独裁体制下にある現代の中国において、それはまったくあべこべの話であるといわざるを得ません。今回の「重慶事件」が如実に示しているように、それは二〇世紀的なもの以前の、前近代的なものへの後退をもたらすものにすぎない、と私は思うのです。

新たな政治主体をさぐるプロセスに、仮に「政治領域の再規定」というのが前提とされるにしても、私の考えでは、その作業に不可欠なのは、六〇年代の毛沢東ではなくて、むしろ八〇年代の胡耀邦、あるいは趙紫陽であり、それゆえに、その「政治領域の再規定」とは、彼らの革新的思想への

回帰であってもよいはずなのに、これまで汪暉氏をはじめとする新左派の知識人、そしてそれを支える日本の一部の知識人たちは、その可能性にすら一切、触れないのです。つまりここでは、この「脱政治化」という価値中立性を装う言葉によって、対外的にはますます覇権的になり、対内的にはこれまで以上に抑圧的になっている現代中国の一党独裁政治を、きわめて巧妙にオブラートに包みこむ「超政治化」のプロセスが進行しているのではないか。それは現代中国社会が抱える巨大な負の局面というものをまるごと隠蔽し、中国の現体制によって行使される強大な政治権力ときわめて親和性の強い、いわば一党独裁政治にたいする補完的言説である

にすぎない、と私は思うわけです。

汪暉氏がいう政治化の時代の終焉というのは、六〇年代の「脱政治化」どころか、六〇年代以来の前近代的な非合理性に基づく高度な政治化そのものであって、「超政治化」という恣意的な隠蔽の始まりですらあったのではないか。その隠された政治的意図というのは、文革という中国にとってはやっかいな歴史的存在を、西洋近代と同等と見なす対称性において価値的に中性化しようとする、いわば「中国近代のロンダリング」――これは私の造語ですが――、つまり西洋近代との比較において、あたかも近代的価値というものが中国においてすでに成立しているといった誤った印象を外部の世界に与え続けている、そういうレトリックだと思うのです。

さらに汪氏は、一党独裁の中国共産党と西洋近代の多元的国家における多党制のもとでの政党を同一化するわけですが、これはまさに党独裁の中国共産党によって行使されるレトリックそのものだと思っています。そうした事実を同じ価値的に中和化するもの、それこそが、彼がいうところの「脱政治化」という概念であるわけです。

ここにいたって、薄熙来による重慶事件というものが、中国国内ばかりでなく、世界的レベルでも厳しい批判の目にさらされているわけですが、昨今の汪暉氏はこんなことをいっているのです。みなさんも機会があったらぜひ読んでほしいのですが、岩波書店の『世界』の七月号に、彼の論文が訳載されています（「重慶事件――密室政治と新自由主義の再登場」）。そのなかで彼は、おそらく批判の矛先が自分に向けられていることを敏感に察しているからだと思うのですが、今日の徐先生のお話にあった「文革の再演」という議論が、「まったく根拠をもたないものである」というのです。また重慶事件とは、「空洞化したイデオロギーに基づいてつくり出されたもの」であり、それは「新たな新自由主義的改革のための政治条件をつくり出している」といった自己弁論を公然と行っています。さらには、重慶の改革モデルについて、それが一種の「公開政治」であったこと、また「民衆の参与をもって開かれた民主のテストであったことを証明している」といったことまで述べ、いまだに「重慶モデル」というものを熱心に擁護しているのです。そして逆に、毛沢東時代の文革型大衆迎合運動にNOを突きつけた温家宝に対しては、「デマを撒き散らす密室政治」であると、無根拠で、断定的な言い方をしています。

しかし、汪暉氏のこうした論法自体が、私には先ほど徐先生のお話のなかにもありました、専制政治を実施するうえでの「秘密」そのもの――すなわち、異なる意見に一旦出くわすと、その原因を問わず、即座に「陰謀」だとみなす――を自ら暴露しているものにしか見えない。すなわち、まずは権力を集中し、その「首謀者」を攻撃するや否や、それに騙されているとみなされた一般人を、逆に彼らに対する告発者にそのような批判を仕向けさせるという手法と、密接に関連するものであるようにしか、私には思えないのです。

今日のご報告以外にも、私は徐先生の対談などを、中国国内ではみることができないYouTubeで拝見しました。そのなかで非常に私の興味を引いたのは、現代中国社会の知識人の多くがシニシズム、つまり犬儒主義に陥っているというご指摘でした。私には汪暉氏をはじめとする新左派系の知識人というのは、まさにそうした犬儒主義を体現するものとしか思えないのです。したがって、こうした新左派の言説と専制権力との関係、とりわけ今回の重慶事件と新左派との関連、さらに新左派と犬儒主義との関連性について、是非お伺いしたいと思います。

# コメントへの応答

徐友漁

遠藤先生、川島先生、石井先生、コメントをありがとうございます。みなさんからいただいたいろいろなご質問は、多岐にわたり、またかなり深い論点を含んでいます。ですから、これらの質問の全部に答えることはできませんし、またその必要もないと感じております。その質問が出されたことだけで、その質問を伺っただけで、私にとっては有意義なヒントが得られるし、会場のみなさんにとっても同様だろうと思うからです。

まず、遠藤先生のご指摘についてです。たしかに文化大革命と「重慶モデル」を比較する際に、両者の規模というものが全然違うというのは、ポイントの一つと考えられます。薄熙来の失脚前、重慶市の公安局長であった王立軍が、四川省成都のアメリカ総領事館に逃げ込むという事件がありました。その事件が発生したあとで薄熙来が失脚したわけですが、その事件を、文化大革命のときの林彪事件と比較して、両者の共通点を指摘する人もいます。たしかに、この二つの事件はドラマチックかつ不可解であるというところは共通していますが、やはり規模が違う。中国のナンバーツーであった林彪と、たかだか重慶市の公安局長であった王立軍と比較してもあまり意味はないし、薄熙来と毛沢東も、とうてい比較にはなりません。

さらに経済の面で、「重慶モデル」と文化大革命とでは全然違うというところもご指摘のとおりです。文化大革命のときには高等教育システムそのものが破壊されたわけですが、「重慶モデル」はそういった問題は引き起こしていません。運動の規模という面は、文化大革命と「重慶モデル」を比較する際に留意すべきポイントであるという点には同感です。しかし、こういった量における差はあるものの、質的な類似性はやはり否定できません。重慶市のGDPが中国全体の二〇分の一だから、「重慶モデル」の影響も中国全土の二〇分の一であると簡単に結論づけることはできないのです。実際、その影響力は経済規模をはるかに超えたものでした。

中国ではもうすぐ中国共産党第一八回全国代表大会が開かれます。もし王立軍の事件がなければ、薄熙来はおそらく、中国共産党中央政治局常務委員会委員の一員になっていたでしょう。

その可能性はきわめて高かったと思います。さらに彼の政治的野心、狙いといったものは、単に常務委員になることにはとどまらないで、中国共産党のナンバーワンになることであったでしょう。このことは、ほとんどの中国人が知っていることです。つまるところ、こういった偶発的な事件がなければ、彼は政治局の常務委員になり、ひいては彼の政治的主張や政治的手法が中国の主流社会によって認められる可能性もあったわけです。

薄熙来の失脚をめぐる一般市民、知識人の反応をみても、「重慶モデル」の影響力は、はるかに経済の規模を超えていたことを証明しました。薄熙来の支持者と反対者の力は、おおよそ拮抗しているようです。ネット上の書き込みを見る限り、薄熙来を失脚に追い込んだ中国共産党のやり方を批判する意見のほうが、まだまだ圧倒的です。八割、九割がそうです。これはひょっとしたら薄熙来の失脚に賛成の人が積極的に書き込んでいないということもあるかもしれません。ですから現実には、少なくとも両者の立場の力はおよそ拮抗しているということができます。これを見ても、「重慶モデル」というのは、かなり影響力をもつものでした。

ただ、現在の中国共産党の統治階層、その主流たるものを代表して温家宝の発言が出てきたわけです。彼の意見は中国共産党の主流を代表しているものです。それは、文化大革命のような統治手法に賛成しているわけではなくて、むしろ鄧小平のやり方を選ぶものです。毛沢東のようなやり方はうまくいかない、そして彼ら自身の利益維持の観点から見ても、鄧小平のやり方のほうが毛沢東のそれよりももっと利益をもたらしてくれると認識されているわけです。

もう一つ、遠藤先生は文化大革命と中国の本格的な民主化運動との関連性についてお話しされました。先生のご指摘のとおり、一九四九年以前にも五四運動のようなきわめて影響力をもった民主主義運動がたしかに存在しました。したがって、現在の中国における民主化運動について研究するときには、私も含めて民主化の活動家やリベラリストたちは、中国の近代史における五四運動のような民衆運動に意識的に言及し、自分たちをその後継者、継承者であると自覚しています。現代の中国における民衆運動は、未だに五四運動から経験や知識、力をくみ取っているのです。

歴史的な比較をすると、おもしろい結論になります。現在の中国で展開されている民主化運動そのものは、五四運動に及ばないと感じられます。たとえば中国における民主化運動は、五四運動のときの魯迅や胡適のような思想界、文学界の大家を生みだしていない。もちろん、現代中国の民主化運動に参加している人たちのほうが、歴史的な観点から言って五四運動の思想より先に進んでいるところもあります。たとえば、五四運動当時の活動家たちは、計画経済の弊害といったものを、きちんと理解していませんでした。しかし、現在の中国の活動家たちは、文革以前の中国の現状やヨーロッパにおける独裁――東欧圏の独裁やドイツのファシズム――についてもちゃんと見ていて、独裁や計画経済における弊害をきちんと認識しているのです。

　そして社会主義に対する評価もそうです。客観的に社会主義を見ることができるようになったところは、五四運動のときと比べてだいぶ進んでいます。五四運動当時の人びとは、社会主義と聞けばいいものであると、みんな口を揃えたわけです。蔣介石のような人でさえ、社会主義が悪いとは言っていませんでした。しかし現在の民主活動家たちは、中国、ロシア、カンボジアなどでの、社会主義という旗印のもとで起ったきわめて悲惨な歴史をちゃんと認識しています。社会主義というものを単純によいものであるとは評価していない。社会主義にも民主主義と法治はなくてはならないものだ、と今の民主活動家は考えています。民主主義と法治がなければ、社会主義はファシズムに成り下がる可能性があるというわけです。

　次に、川島先生のコメントについて述べさせていただきます。川島先生は世界の一つの流れとして、ファシズムや独裁といったものについて、理論的に再構築されているというお話をされました。この点について中国の学界でも同様の認識がもたれるようになってきていて、そういった手法を使っています。昔の中国の知識人も、ファシズムというものを、ごく少ない独裁者と、他方にほとんど無知で騙される民衆がいるという図式で捉えていました。日本の戦争に即していえば、陸軍のごく一部の急進派と騙された大多数の一般市民という構図です。しかし、これは神話に過ぎないということは今ではみんな認識しています。現実というものは厳

しいものであって、独裁社会やファシズムを導入した社会においては、ごく一部の独裁者の振る舞いだけではなくて、多くの国民が独裁を支持する豊かな土壌を形成していたことを理解することが大切です。国民が最初の段階で独裁やファシズムを支持し、それによって独裁者は勢いを獲得する。実はそういうパターンを、歴史は繰り返してきました。中国における文化大革命もまさにその実例と考えられます。

そうした峻厳な認識に到達したことによって、私自身にも葛藤が生じました。気持の上で落胆したのです。本来なら、一般市民をまるで神のように社会を主導できる存在であるかのように見ていたのですが、実際は彼らはとても騙されやすく、非理性的、熱狂的に独裁者を支持する可能性もある存在なのですね。このことを知って、すごく苦しかったし、落胆もしました。そしてもう一つ感じたのは、知識人の社会的責任ということです。私自身、一人の知識人として社会的責任を果たさなければならないと感じたのです。もし、歴史が本当に、ごく一部の独裁者によってコントロールされていて、陰謀がめぐらされていたものであったなら、自分の力ではどうしようもないものです。しかし、市民による支持というものがそれほど大きな政治的な影響力を持つならば、自分は一人の学者として市民の考え方を変えなければならないという責任を感じたわけです。「重慶モデル」に即して考えるならば、薄熙来が中国共産党を掌握し、自分の政治的主張を押し通したとするなら、私は学者としてどうすることもできない。しかし、そこで現実に多くの市民が薄熙来を支持しているとすれば、その市民の考え方を変えるために、自分の発言を役に立てることができるのではないかという意味での責任です。

最後に、石井先生のコメントについてです。石井先生は中国におけるきわめて複雑な思想状況を実に正確に把握し、的確なコメントをしてくださいました。私なら日本の問題についてそこまでのコメントはとてもできない。先生の理解の深さにたいへん感心しました。特に石井先生が中国における「新左派」は、実はイコール「新保守派」であると言われた。それは私が中国で提起した新しい主張だと思っていたのですが、日本に来て石井先生から同じような指摘を聞くとは！　すごく感心しました。

こういう小話があります。アメリカの議会の代表団がソ連を訪ねたときの出来事ですが、その代表団のメンバーの一人がアメリカにおける民主主義制度のすばらしさを示すために、「われわれの国では自分の国の大統領であるレーガンを批判することができるんだ、君たちはそんなことはできないだろう？」とソ連の人に対して言ったのです。そうしたら、ソ連の人はこう切り返しました。「そんなことはない。なぜできないと思うのですか？　私たちだってレーガンを批判することはできますよ」。中国における「新左派」の人びとは、まさに外国のことについて批判を展開し、自分たちは批判精神に富む主張をしているとアピールしています。しかし自国のことについてはまったく批判していないのです。それでは真の民主主義ではありません。こういった問題点というものは、実は「新左派」の人間にだけにあてはまるものではありません。たとえリベラルな立場の人間であっても、さらに中国の伝統文化の復興を主張する立場の人間であっても、同じような傾向がみられるのです。多くの知識人が、自国の強権政治の発動に対してはシニシズムという立場をとってしまうという問題点があるのです。

コメンテーターからはさらなる指摘をいただきたいし、みなさんからも質問やコメントをいただければ幸いです。

［第2部］

# 文化大革命の遺制と闘う

# 文化大革命の遺制と闘う

徐友漁
（聞き手・翻訳・註／鈴木賢）

## 文革への熱狂

――まずは文化大革命時期の先生ご自身の体験についてうかがいたいと思います。一九六六年、六七年、六八年ころ、先生はどこで何をされていましたか？

一九六六年に文革が勃発したとき、私は一九歳でした。成都（四川省の省都）で高校三年生に在学していました。当時すでに授業はすべて終了し、同級生たちはどの大学を受験するかを

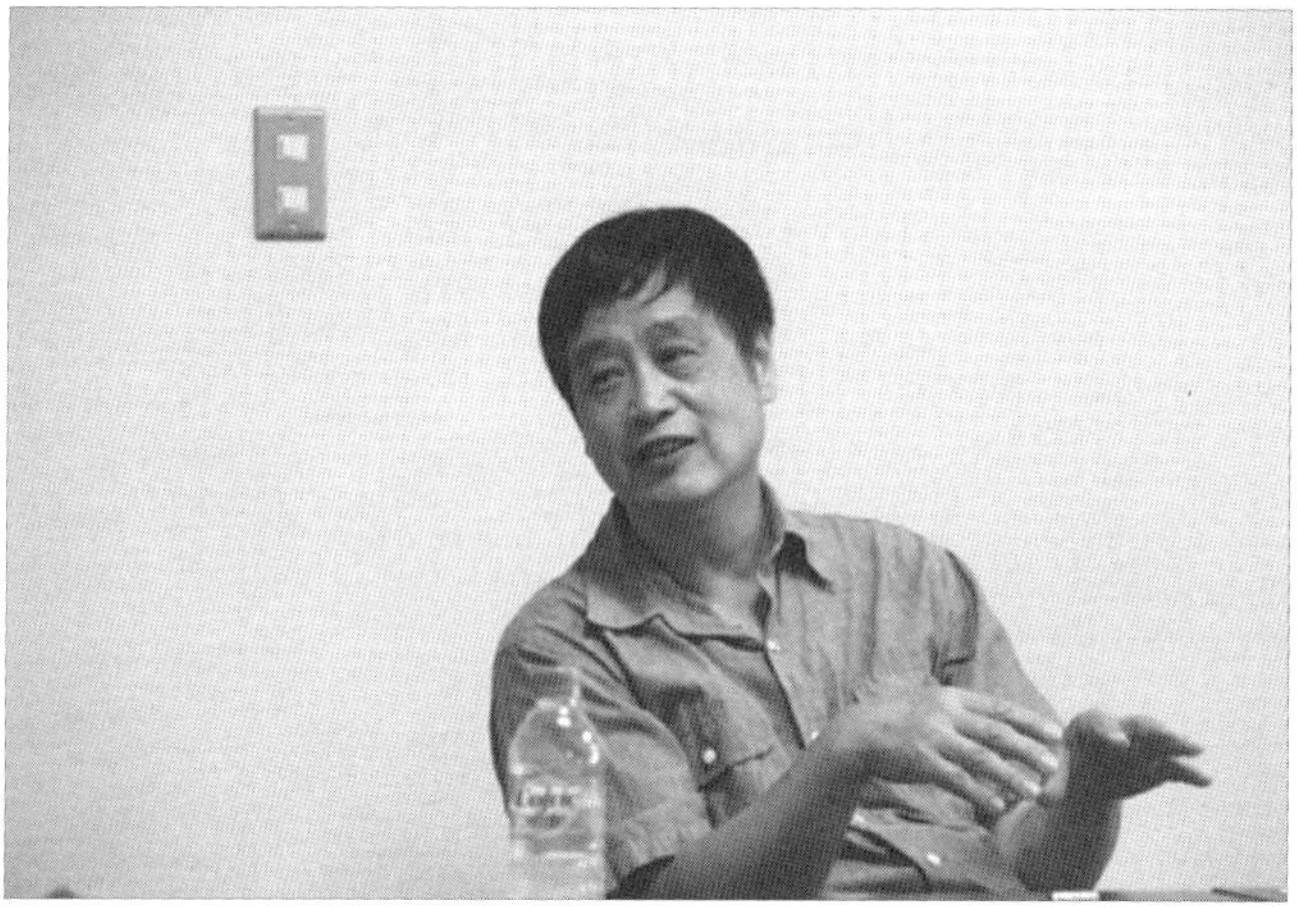

考えているところでした。でも、私だけはちょっと特別で革命の隊列に身を投じたいと念願していました。私は普通の人と比べて革命教育の影響がことさら深く（今から思えば騙されていただけですが）、大学は受験せずに農村へ行って自分を鍛えたいと思っていました。

文革の前、党の高級幹部たちは自分の子女を中国でも一番いい大学、たとえば北京大学、ハルビン軍事工程学院などに行かせたいと思う人が多かったです。他方、私たちのようにいわゆる出身家庭の背景があまりよくない者は、「君たちには革命が必要だ」、革命をするなら生活のもっとも苦しい辺鄙な農村へ行くべきだと言われました。もし私のような者が大学に行きたいと言えば、それはブルジョア思想であり、有名になりたいとか、成功したいとかいう野心の表れととられたのです。同様に科学者になりたいとしても、「赤い」家庭の子どもなら革命のアンビシャスを抱いているとされましたが、そうでなければ、それは単なる立身出世の道を歩みたいだけと見なされたのです。私は家の背景が悪かったので、生まれながらの罪悪感を抱いていて、一生かけて思想の改造をしなければだめだと思っていました。私にとってはまっさきに解決すべき問題がこれだったのです。そこで私は担任の先生に、私は革命の道を歩みます、大学受験は諦めて、まっすぐ農村へ行きます、と申し出たのです。当時でもこれはさすがに過激な考えで、先生も賛成してはくれませんでした。

私の考えは自分の魂を救い出したいという宗教思想にも似た思いでした。最終的に共産主義の天国に至るために、魂を救い出すもっともいい方法は共産主義青年団員か共産党員になるしかない。それにはとにかく困難な道を選ぶこと、人とは違った道を歩むこと、そうすることで自分を罰するしかないと思っていたのです。それでもクラス担任の先生は大学受験を強く勧めてくれました。もし受からなかったら田舎へ行けばいいじゃないかと。私は迷ってしまいました。家庭的な背景を言うと、父は大学の教師で、小さい頃から勉強したいという思いは強くあり、他方で愛党教育を受けて、革命の道を歩みたいという気もちも強かったのです。ところが、この進路をめぐる悩みはまもなく文革が始まることで解消されることとなったのです。というのも、大学受験という選択肢が消えたからです。六月上旬には北京の一部の高校生から、革命に力を注ぐためにその年の大学受験は中止すべきであるとの声が上がりました。これを聞いたときには、私はとても喜びました。ようやく革命がやってきたのかと。私たちの世代にも革命の時代が来たのだ、と！

それまで受けてきた教育のおかげで、私は一生のうちでもっとも意義深いことは革命だと思い込んでいました。それは五四運動に参加すること、国内革命戦争、紅軍の長征、抗日戦争、国共内戦、それからその後の土地改革運動などといったことに参加することを意味していました。一九六六年六月、まさにその念願が到来したのです。熱狂のうちに文化大革命に参加できる、ラッキーにも革命の時代に間に合ったのだと感じました。

――先生は当初、どんなお気持ちで文革に参加されたのでしょう。

それはとても熱狂的で、自発的なものでした。一九六六年まさに卒業しようとしていたときに、北京から革命の知らせが届きました。我々は校内で歓喜の声を上げ、街へ出てデモ行進をし、宣伝に努めました。党中央が社説を発表すれば、私たちは赤旗を持って太鼓を敲き、街に出て宣伝して廻ったのです。そして大声でそれを支持するスローガンを叫びました。一般の大衆は文化的知識がなかったので、私たちが革命的歌曲を教えると、彼らも大変喜んでくれた。

私たちは学校で革命歌曲をプリントしたビラを刷って、街へ出てそれをまき散らしました。民衆はそれを必死に拾っては、私たちから歌い方を習ったのです。みんなとても生き生きとしていた。学校では頻繁に会議を開いて党中央、毛沢東主席に向けて決意を表明し、文化革命を徹底してやり抜くことを誓いました。こういったことを発言するのは、いつも家庭背景の優れた生徒ばかりで、私のように勉強の成績がよくても出身家庭がよくない者の役割は、発言のための原稿を書いて彼らに読ませることでした。私のクラスの発言原稿は、ほとんど私が書いてやったものばかりだったのです。

## 拡大する暴力

ほどなくして学校の先生や校長先生に対する批判が始まりました。彼らを取り囲み、殴り、壁新聞を書いては告発し、批判の限りを尽くしました。学校全体があたかも壁新聞の海と化したのです。学校に一歩足を踏み入れると、あらゆる壁という壁には壁新聞が貼られ、教師、校長を告発していました。私も当初は深い考えもなく、そうした風潮に便乗していました。なかでももっとも多くの壁新聞が国語の先生に矛先を向けていました。というのも、地理や数学の教師には政治にかかわることを指摘するのは容易ではなかったからです。ところが、国語の教師については、教科書の文章のなかから簡単に問題を探し出せたのです。そのため確実に言えることは、学校のなかで国語の教師がもっとも悲惨な目に遭ったということです。先生たちは革命理論に従って授業をしていただけなのに、生徒たちはそれを「毒を放つ」ものと歪曲し、ひどい場合にはぼくたちを反動階級の跡継ぎに育て上げようとしているとか、教壇から反革命思想をばらまいていると言いくるめたのです。

とても荒唐無稽な例をひとつ紹介しましょう。私たちの学校の校長先生は女性だったのですが、この方はソ連の教育者の思想を受け入れ、「母性教育」を提唱しました。その意味するところは、教師も母親が自分の子どもを愛するのと同じような情愛で生徒に接するべきだというものでした。もちろん中国の教師にとってはそんなことは容易にできることではありませんでした。彼女のこうした呼びかけは生徒にとってはとてもよいことだったはずですが、生徒たちのこの先生に対する批判は凄まじいものでした。彼女に対する罪名は「修正主義的母性教育」を実施したというものでした。当時の生徒たちがいかに良心を欠いていたかを思い知らされます。校長先生が生徒に対して母のような愛をもつようにと主張したのに対して、結果は批判され、人身に侮辱、殴打を加えられるはめになったのですから。

私は当時、ほかの人と同様、この先生の批判にも加わり、壁新聞も書きました。ただ、せめ

てもの救いは、私の革命の資本は乏しかった、つまりよい出身家庭の出ではなかったので、多くのことにはかかわることができませんでした。ですから、多くの悪さには加わることができなかった。でも、だからといって私が他の生徒よりも道徳的に優れていたなんて思ってはいません。ただ、加わる資格がなかっただけです。私の革命の権利が他の人に及ばなかったことは、後から振り返れば、実は大変幸運なことでした。

あるできごとをいまでもはっきり覚えています。私たちの国語を受け持っていた女性の先生はとてもよい人でしたが、彼女の夫が右派分子とされたために、彼女も道連れになり、いわゆる「右派家族」にされてしまったのです。ある日、家族背景が私よりもよかった人が彼女のオフィスに突入して、彼女を罵り、殴打し、挙げ句に頭を「陰陽刈り」にして、人とも化け物ともつかぬ姿にしてしまった。いわゆる「陰陽刈り」とは髪の毛の半分だけを刈り上げ、半分は残すというもので、見るからに醜く、恐ろしいリンチなのです。女性教師の髪の毛をそんなスタイルに刈り上げてしまったら、どうやって家まで帰れと言うのでしょう。これは当時、もっとも侮辱的な行為でしたが、私の学校の先生のうち三分の一はいわゆる問題があるということで、「陰陽刈り」にされてしまいました。彼らの女性校長へのしうちはことさら残酷で、とても印象に残っています。率先してやっていた生徒は高校三年の出身もよく、労働者階級の家庭の出で、武術をやっていて拳脚に秀でたやつでした。彼が先頭にたって校長を痛めつけていた。私はこれほどひどいやり方で人に暴力をふるう様を見たことがありませんでした。校長はほとんど人とは思えないような形相になってしまっていたのです。顔の形はすっかり変わってしまい、顔は腫れ上がり、黒ずみ、鼻や耳もすっかり変形していました。いま思い出してもぞっとするほどです。

私が当時、何をしたかを聞かれましたが、私はあのときまだとても愚かでした。そういう人たちのように残忍なことはしていないですが、彼らに追随していたことは間違いない。中国の政治運動を経験した人は知っていますが、とにかく暴力、侮辱というのはすさまじい。でも、やられている方が自殺してしまうことは恐れるんですね。人が死ぬということは、やっぱり大ごとになります。私の担った役目はつらいけど、それほど重要ではないものでした。つまり、標的とされた人を監視し、見張ることです。毎晩、椅子に座って自殺しないように見張っているだけでした。

こうした状況は五月から八月まで続きました。八月になると革命は学校を出て、社会一般へと広がっていきました。そうこうしているうちに、北京では紅衛兵が登場したという話が伝わってきました。うちの学校でもさっそく紅衛兵が組織されましたが、みな出身のいい人、つまり高級幹部の子女だけでした。当時、成都では出身家庭に対する注文はそれほど厳格なものではなかったので、出身のそれほどよくない人のなかにも参加する人がありました。もちろん下っ端になれただけですけど。ほどなくして彼らはこれは間違っている、よろしくない出身の者がどうして造反になど加われるのか、我々と一緒に紅衛兵になれるのかと疑問を抱くようになりました。というわけで、八月頃には変動が生じ、出身のよくない生徒は除名されてしまいました。私のような者はもう参加することはできなくなってしまいます。

紅衛兵は学校で教師をやっつけるほか、社会へ出ても活動しました。おもに「抄家」（家宅捜索）です。いわゆる反動的な階級分子の家を捜索するのです。これには実は当局側にも背景がありました。当局とは派出所です。彼らは個人の人事ファイル★1の中身をこっそり学生に教えていました。学生は腕章をつけて車で乗り付け、お前の家は地主だった、お前の家は以前、国民党だったと言っては物を奪っていくのです。この手のことには私はまったく参加する資格がありませんでした。ひとクラスのなかでだいたい半分以上の子はこうした「革命」には加わることができませんでした。私たちは毎日、決まった時間通りに学校へ行き、毛主席の著作や人民日報の社説を勉強しました。つまり、思想改造に努めたのです。私たちは改造の対象であり、まだ闘争の対象ではありませんでした。しかし、ときにはこれら紅衛兵が学校に戻ってきて闘争会を開きました。つまり、学生が学生をやっつけたのです。赤い家庭の出身者がよくない家庭の出身者を闘争の対象としたわけです。

これは一九六六年八月までの状況です。学生が教師をやっつけ、学生が校長をやっつけ、学生が学生をやっつけ、出身がよくない学生は出身のよい学生に制圧され、毎日、トイレ掃除などの「監督労働」をさせられました。紅衛兵が殴ろうと思えば殴り、罵ろうと思えば罵るといった具合です。私たちのクラスはまだましな方で、生徒が生徒を殴るということはありませんでした。

## 正統派と造反派

一九六六年一〇月になって、毛主席は制圧されている学生を支持し、解放せよ、紅衛兵の

やり方は間違っていると言い始めます。彼らは当初、納得がいきませんでしたが、毛が発動した文革が打倒したかったのは実は彼らの親であり、伝統的な階級敵ではなかったことに気がつき始めます。これで彼らの文革に対する態度は熱狂的な支持から反対に転じます。毛沢東は彼らを鎮圧にかかりました。私たちのように一度は制圧されていた者は心の底から毛沢東を信じました。なぜなら毛沢東によって解放されたからです。我々の毛沢東に対する擁護の気持ちは誠心誠意のものであり、毛沢東こそが正義を体現すると思ったのです。

毛沢東は文革の烈火を全国に燃え上がらせるために、八月一八日から全国各地から北京に来ていた学生たちと接見を始めます。合計で八回、毎回一〇〇万から二〇〇万人の学生が接見したのです。最初のころは血統論的紅衛兵だけで、他の者には廻ってきませんでしたが、のちになって彼らは毛に捨てられてしまい、私のような者でも参加することができるようになりました。私たちは「毛主席のお客さん」と言われたのです。一気に政治的な身分を覆したことになります。どの学生も学生証と学校の証明さえあれば、飛行機以外のどんな乗り物にも乗って、好きなところへ行くことが許されました。私は一一月に北京に行き天安門広場で毛沢東の接見を受けました。当時はそりゃ興奮しましたよ。我々のスローガンは、「毛主席は私たちの最高司令官、毛主席が指さすところへ行ってやっつけろ!」でした。

毛の閲見を受けて宿舎へ戻ると、私たちを束ね指揮している解放軍の軍官が我々に言いました。毛主席が接見したんだから、毛主席はお前たちの最高統率者だぞ、お前たちは主席の紅小兵だ。これからお前たちはふるさとに戻って革命をやりなさい、毛主席の言うことを聞かない資本主義の道を歩む実権派を摘発しなさい。こうして私たちは革命をやりに地元に戻っていったのです。

地元に戻ってから、私は一九六六年年末に学校のある学生組織に加わりました。以前は組織に入るには血統や家庭の背景をチェックされましたが、そのときにはそれほど厳格ではなくなっていました。客観的に言えば、以前と同様に血統は見たし、以前の階級や出身家庭という観念も存在していました。私たちの大衆組織は次のような者から構成されていました。まず中心にあるコアグループ、これは出身家庭を重んじ、紅衛兵と呼ばれました。家庭の背景がよくない学生でこれに入れる者は少数でした。それからその周辺に兵団と呼ばれる層があり、これについては出身家庭にかかわらず誰でも参加できたのです。

うちの学校には合計で一二〇〇名の学生がいましたが、私たちの隊伍にはおおよそ六〇〇名が参加していました。毛主席の指示にしたがい、我々の革命は学校から社会へとウイングを広げなければなりませんでした。そこで私たちは成都から出発して、成都の近郊へ革命をやりに出かけ、農民、労働者を動員したのです。当時、どの地方にも二つの派閥が形成されました。一つは共産党四川省委員会、成都市委員会に忠誠を誓う出身背景のよい労働者、農民、党員、幹部から構成されるグループで、彼らは正統なる革命派でした。他方は地元党委員会に造反し、暗に毛沢東および中央の文革派の支持を受けた造反派でした。私は後者に属していました。その後、革命は大衆組織と大衆組織間の闘争へと発展しました。我々の任務は火種を拡散すること、毛主席の意図を大衆、造反すべき、打倒すべき実権派に伝えることにありました。私たちはあたかも毛主席の小さな欽差大臣のように農村や辺鄙なところの鉱工業企業へ行き、大衆を扇動したのです。そうしたところは元来、党委員会が抑えていたわけですが、我々が行って造反し、造反派の勢力を拡大して、彼らを立ち上がらせて、党委員会に反対させたのです。全国的にいずれもこのパターンでした。

## どす黒い文革政治

私たちが熱くなってこんなことをしているうちに、造反派勢力がどんどん拡大してゆき、運動は転換点を迎えました。一九六七年二月に北京の共産党の一部元老が文化大革命に反対をしはじめ、一部の軍隊の元帥、将軍、政府の副総理、大臣らが中央文革小組に反撃の矛先を向けるようになったのです。文化大革命をこんなひどい様にしてしまい、我々老革命家はいまやお前たちの攻撃の対象となっていると言い始めたのです。形勢は完全にひっくり返り、造反派は間違っている、反革命だと言われるようになる。全国各地で行動が開始され、軍隊や警察を出動して人を捕まえ始めたのです。私が属していた組織の造反は比較的穏やかだったので、公安局と軍隊が間違いを犯したけれども、教育を施す余地はあるとしたので、逮捕されるには至りませんでした。捕まったのはもっと過激な造反派でした。当時捕まった人がとても多数に上ったので、監獄はどこも満杯になり、臨時に監獄代わりにされた寺廟に身柄を拘束しました。これはとても大規模なもので、四川省だけでも少なくとも数十万人は捕まったでしょう。少なくとも一か月はこれが続きました。

四月になると、毛沢東と彼が支持する文革派が今度は反攻を開始しました。毛沢東は反対派を「反革命復辟逆流」と称して、彼らを全部打倒し、捕まった者をみな釈放し、公安局、軍区の責任者には過ちを認めさせ、私が属していた組織を革命組織だとしたのです。ところが、その後、中央はもう一つの鎮圧された組織の方を左派とすることを決め、我々を団結の対象であり、やはり革命組織であるが、もっとも革命的ではないという位置づけを与えました。

――先生の文革に対する考え方が変わったのはどうしたことからだったのでしょうか。

私の考えの変転はこの時代を生きた者の典型例だと言えるでしょう。人々が文革に対して疑いを抱き始めるのはとても早い時期のことでした。私の記憶ではだいたい一九六七年の半ばではないかと思います。そのとき私は大衆組織のリーダーでした。私の下にいた人が私に言うには、文革は新聞が書くようにそんな立派なものじゃない。毛主席の言葉は当てにならない。この人が革命的幹部だと言うから、我々がその人の擁護に廻り、釈放する。数日すると、今度はその人は悪者だと言いだす。結局、我々は毛に振り回されて、間違いを犯してしまったことになります。

文革の最中は私たちのような学生はほんとに愚かでした。でも、私たちはとても若く、純粋で、私たちの信仰は誠実なものでした。政治闘争に参加してみて、政治というものがいかに残忍でどす黒いものかを思い知るようになりました。たとえば、毛主席の言葉は当てにならない、彼の部下は我々に不誠実なことをやらせた。また、たとえば、林彪は「嘘をつかなければ、大きな事はできない」と言い、中央文革小組の一人は政治闘争とは相手に間違いをさせるように仕向けることであると嘯き、自分が間違ってもそれを認めようとはしない。私たちは毛主席には無限の忠誠を誓うけれども、こういう言葉を聞くうちに反感や恐怖を覚えるようになっていきました。文革で見た政治は汚く、どす黒いと思えたのです。

人が私に文革政治は怖いと言い始めたときには、私はまだ正統な立場にあり、我々は毛主席、党中央を信じるべきであると言っていました。一九六八年に至って、私たちの組織は中央に「反動復辟」と位置づけられ、警備司令部が我々のリーダーを捕まえ始めたときには、さすがにもともとの信仰を保持することはできなくなりました。

私たちはようやく気がつき始めました。文革とは毛沢東がこっちの組織を使ってあっちの組織を叩き、また今度はあっちの組織でこっちの組織を叩く。最後はどの組織もよい組織などなく、すべての学生が間違いを犯したということにされる。どの組織も最初は利用され、最終的には鎮圧されてしまう。つまり、反省の第一歩は文革政治の残虐さに反感をもつようになったことでした。第二段階は、一九六八年末に毛沢東が第一号指令を発し、知識青年は農村へ行って教育を受けるべきだと言いだし、我々をみな田舎へ追いやってしまいます。これで私たちの反感はさらに大きなものになりました。農村の生活はとても苛酷で、遅れたものでした。それまで学校で習っていたのとは全く違っていたのです。

## 農村の貧しさの中で

下放される前にすでに政治に不信を抱いてはいましたが、私たちの基本的な信念はやはり以前と同じでした。私たちは社会主義はすばらしい、共産党はすばらしい、共産党が中国人民を解放した、中国は世界でもっとも裕福で平等な国だ、中国の社会主義体制は世界で一番優越していると信じていたのです。ところが、毛沢東が私たちを農村へ追いやることで、私たちはもう一つの風景を目にすることになったのです。農村の貧しさは私たちの想像を遥かに超えていました。私が下放したところは中の上くらいのレベルにありましたが、私のような立派な体格の男性でも農村で一日働いても稼げる労働点数は三毛[★2]相当にしかなりませんでした。女の子なら一日働いたお金でちょうど卵が一個買える程度でした。農民は基本的に現金収入がありません。一年働いてもらえる自給用の穀物がすべてでした。私の一人の友人はもっとすごいところから手紙をくれ、彼らのところの農民は家族五人で一本のズボンを共用している、みんなはいつも家の中にいて、出かけるときだけ、そのズボンを穿いて外に出るのだと教えてくれました。

これは少し極端な例ですが、私が下放していたところも貧しかったです。たとえば、こんなことがありました。私の隣家ではその家の息子が嫁をとる年頃になり、お嫁さん側がその家に様子を見に来るという。ところが隣家にはろくな物がない、そこで我々のところへやって来て、我々四人の知識青年の荷物を全部借りて行き、その家の家財であるかのように装ったのです。お嫁さん側の人たちはこれらを見てとても気に入り、婚約と相成りました。彼らが帰って、荷物が返されると、家のなかは元のように何もなくなってしまうのでした。

私は農村の貧困が大躍進と人民公社から始まったことに気がつきました。私が調べたところでは、私がいた生産隊は耕地面積が合わせて二〇〇ムー[★3]余り、人口は一二〇人ちょっと、一人平均だいたい二ムーの土地になります。ここで大躍進、人民公社のころ、生産隊の人口のちょうど三分の一が餓死していたのです。これは私が一軒一軒廻って調べたデータです。私が下放した村は以前はかなり裕福なところだったのです。土地が割と広く、物産も豊富で樹木も生い茂っていました。ところが私が行ったときには燃料にすべき草木も村にはありませんでした。樹木にも上の方に葉っぱが茂っているだけでした。新しい枝葉が出てきたら、農民はすぐにそれらを刈り取ってしまうからです。地上の草もちょっと伸びたところで抜き取って燃料として燃やされてしまう。中国の生態環境は大躍進、人民公社運動によってすでに深刻に破壊されていたのです。大躍進のときには生い茂る森林を刈り取り、製鉄の燃料としてしまったために、農民にはご飯を炊く燃料すら残っていなかった。大躍進時期には実は多くの食糧を生産していたのですが、人々は強制的に製鉄運動にかり出され、食糧は収穫されることなく地表で腐ってしまったのです。公共食堂がつくられ家ではなく食堂へ行って食事をとるようになりました。最初は食べ放題でしたから、皆が腹一杯食べるようになりました。一食で五〇〇グラムも食べる人もあり、数か月でたちまち食料が底をつきました。各種の研究や統計によると、大躍進、人民公社化時期には少なくとも三〇〇〇万人が餓死したと言われます。

我々が下放された後に受けた教育は以前の宣伝、毛沢東が期待していたのとは、ちょうど正反対のものでした。党が教えていたのは、解放前[★4]は国民党の統治のもとで勤労大衆は牛や馬にも及ばない生活を強いられていたが、解放後は共産党が人民にそれはすばらしい生活を与えてくれたというおきまりの図式でした。「旧社会の生活は黄連[★5]よりも苦く、新社会の日々は蜜飴よりもさらに甘い」。彼らはこんな誇張されたフレーズを好みました。学校にいた頃にはよく労働者や農民などを招いてお話を聞く機会がありました。彼らがしてくれたのは、旧社会の生活がどれほど悲惨だったか、それに対して「解放」後はいかに幸せになったかという話ばかりでした。また、「憶苦飯」を食べるという教育プログラムがありました。それは敢えて昔の粗末な食事を我々に食べさせることで、現在どれだけ豊かな生活を送っているか、旧社会がいかに酷かったか、そのときのご飯がどれほど不味かったかを若者に思い知らせるというものでした。ところが、我々が下放後に生産隊で「憶苦飯」を食べたときには、農民たちは大喜びで先を争ってそれを食べていたのです。我々にとっては粗末な食事に見えたものは、実は彼らが日頃口にしているものと同じ程度の食事であり、しかもそれをただで食べられたからでした。この情景を見て、我々の心には大きな疑いが広がり始めたのです。我々が食べているもの、宣伝されていたものは、告発の対象となっていた旧社会と同じくらいに苦しいものでした！

党支部書記や生産隊長は私たちと働くときに、「解放前」のことをよく語ってくれました。彼らが言うには、今の生活はかつて地主のために働いていたころとは天と地の差がある。地主は彼らがちゃんと力を出して働けるように、魚や肉を田んぼまで持ってきて食べさせてくれた。一日にたくさん美味しいものにありつくことができた。ところが、今では年間を通してそんな旨いものを食べる機会はなくなってしまった。このように我々が農村で学んだことは、党が望む教育とは正反対のものだったのです。農民が私たちに語るのは、彼らの今の生活がかつてのそれにも及ばないという現実でした。我々を教育するために開かれた「憶苦会」というミーティングでは、本来、旧社会がいかに酷いものであったかを教えるはずなのに、実際、農民が話すことはそれとは正反対でした。私たちはそれを聞いてとても驚いたのです。

## 失われた信念

また、こんなこともありました。私たちは下放してからボイス・オブ・アメリカを聴く機会がありました。当時、もっとも苦しく、身体ももっとも酷く痛めつけられていたときに、我々の耳に届いたボイス・オブ・アメリカのラジオ放送では、アポロ号が宇宙に打ち上げられ、アメリカの宇宙飛行士が月面に上陸したニュースを報じていたのです。人類の文明が輝かしい成果を勝ち取っているというのに、目の前の生活ぶりといったら、その愚昧で、貧しく、苦しい様はまさに好対照的といってよいものでした。我々の受けてきた「社会主義はすばらしい」という教育はこうしてすっかり破綻をきたしてしまったのです。これは私だけの個人的な経験ではなく、いま中国大陸で出版されている多くの知識青年の下放を描いた本には同じことが記されています。

No2 だった林彪が……

第三歩は私たちが下放していたときに林彪事件[★6]が起きたことです。この事件が我々の世代の者の政治的信念に与えた衝撃はきわめて大きなものがあります。果たして文革の目的は何だったのか？　当初は革命的な林彪によって修正主義の劉少奇に取り替えるということだったはずではないですか。党規約にだって林彪は毛主席の後継者だと書いてありました。「毛沢東思想の偉大な赤旗を掲げた」副統帥がどうして「国を裏切って敵に投じる」というのでしょう。林彪グループを批判するために、いわゆる彼らの政治綱領なるものが公表されました。私はこれを見て、我々のもっとも反逆的な思想でも、ここで書かれている中国の政治体制や毛沢東についての赤裸々な暴露には遠く及ばないと感じました。たとえば、毛沢東は挽肉器のようなヤツだ。いわく、こっちを利用してはあっちを叩き、今度はあっちを利用してはこっちを叩く。そんなことが止めどもなく繰り返される。いわく、毛沢東はあたかも秦の始皇帝のようである。いわく、青年たちを強制的に田舎へ追いやるのは形を変えた労働改造★7である。林彪事件によって我々の世代の者はすっかり元々の信念を失うに至ったのです。

――徐先生がいまのようなお考えをもつに至ったのには、イギリスに留学したことが影響しているのでしょうか?

私はたぶんちょっと特別なんでしょうね。一般的には私くらいの世代の中国人が西側に留学して、開放的な社会に出会うと、考え方ががらっと変わってしまうでしょう。でも、はっきり言えることですが、私の中国に対する見方は、共産革命の勝利についての解釈に対する見直しなどを通じて、一九八六年に国を出る前にはすでに固まっていました。それどころか、一九七八年に大学に入学する前には基本的に決着がついていました。この点についてある友人と議論したことがあります。それは海外で中国民主化運動をリードする代表的な理論家として知られる胡平氏です。我々はいずれも政治的信念が転換したのは、外国に出てからではないのです。少なくとも私たち二人はそうではありません。

郵 便 は が き

料金受取人払

本郷局承認

4361

差出有効期間
2013年5月31日
まで

有効期間をすぎた
場合は、50円切手
を貼って下さい。

113-8790

（受取人）

東京都文京区
本郷2-3-10

社会評論社 行

ご氏名

（　　　）歳

ご住所

TEL.

◇購入申込書◇ ■お近くの書店にご注文下さるか、弊社に送付下さい。
本状が到着次第送本致します。

（書名） ¥ （　） 部

（書名） ¥ （　） 部

（書名） ¥ （　） 部

●今回の購入書籍名

●本著をどこで知りましたか

□(　　　　)書店　□(　　　　)新聞　□(　　　　)雑誌

□インターネット　□口コミ　□その他(　　　　)

●この本の感想をお聞かせ下さい

上記のご意見を小社ホームページに掲載してよろしいですか?

□はい　□いいえ　□匿名なら可

●弊社で他に購入された書籍を教えて下さい

●最近読んでおもしろかった本は何ですか

●どんな出版を希望ですか(著者・テーマ)

●ご職業または学校名

## 六四天安門事件の意味

――中国では解放後、多くの不幸なことが起きました。反右派闘争、人民公社、大躍進運動、文革、六四天安門事件、最近の薄熙来事件などなど。にもかかわらず、多くの中国人はいまだに政権の正統性を信じ、革命に対する信念を維持し続けているように見えます。これは外国の観察者には理解しがたいことです。経済的には大いに発展を遂げたとしても、どうして考え方は依然としてこうも保守的で変わらないのでしょう。先生はどうお考えですか。

文革は中国を崩壊の淵にまで追いやりました。政権党自身が一場の災禍だと表現するほどです。これが人々の信仰に与えた傷はきわめて深いものがあります。でも、文革が終わって文革派四人組を捕まえたのは共産党自身でした。だから人民はまだこの党に対しては一定の信頼を失っていないのです。つまり、「共産党は自ら過ちを改めることができる」と。文化大革命が終わってから、とくに胡耀邦、趙紫陽が表舞台にいたころには、確かに人々に希望を持たせるようなことをしていました。私も当時はこの政権のもと、この体制のもとでも中国はそれなり

に進歩できると思っていました。
　その意味では一九八九年の六四天安門事件での武力鎮圧こそ、中国人の政治的信念を根本的に変えるきっかけとなりました。一九八九年の学生運動のイデオロギーはまさに共産党のイデオロギーであり、共産党が言うように西側のイデオロギー、ブルジョアジーのイデオロギーではありません。彼らはインターナショナルや国歌を唄い、自らを共産党学生運動の革命的伝統を引き継ぐものと位置づけていたのです。それは五四運動から一二九運動[★8]につらなる伝統だったのです。最後に銃撃が断行されるに至って、学生たちはようやく驚愕し、悲憤に暮れて、根本的に考え方を改めることになりました。それまでは学生のデモ行進では共産党打倒を叫んだわけではなかったのです。むしろ共産党を擁護し、党にもっとよくなってもらいたいと思っていたのです。銃弾が発射された瞬間、彼らはようや

く眼を醒ましました。ですから、私は共産党の正統性は六四天安門事件で銃声がとどろくとともに消失したと考えるべきだと思います。それまでは私を含めて中国の民衆は共産党の正統性、この体制に対して、それを根本的に否定するまでには至ってはいませんでした。

文革は本来、最大の危機だったとは思います。しかし、結局、文革は共産党自身が始末をつけたわけで、他の人がやってきて終結させたわけではないのです。共産党は文革を終わらせることにより正統性を修復するチャンスを得たことになります。しかし、六四で発砲したことにより、ここで恢復した正統性を一気に喪失してしまいます。畢竟、人民、学生に銃を放ったことは許されることではありません。多くの人が六四天安門事件を境に共産党に対する信仰を根本から失い、体制内改革によってこの社会を変革しようとする希望をもてなくなり、体制外からのルートによるしかないと考えるようになりました。この体制に対する信頼は完全に失われてしまったのです。

## イデオロギー統制と警察による監視

――我々外国の研究者の目から見ると、中国の多くの若者は天安門事件についてほとんど知りません。学校では教えないし、他のルートから情報を得ることも難しい。彼らにとって天安門事件はあたかも起きなかったかのように認識されているのではないかとすら思えます。個人的にはこれはとても不思議な気がしますが、先生はこの点についてはいかがお考えですか。

共産党がやっている政治教育は依然としてとても教条的で、嫌気がさしてしまいます。しかし、他方でとても効果的であるとも言えます。この点は多くの人が気がついていないのではないかと思います。つまり、小学校、中学、高校、大学までの政治科目では歴史の真実を子どもに教えていません。私が思うに共産党による思想統制は軽く見られているようです。私の友人の一部には共産党のプロパガンダは完全に破綻し、共産党のイデオロギーはもはや飾り物にすぎず、何の役にもたっていないと言う人がいます。しかし、実はそうではないと私は感じています。共産党一流のイデオロギーは哲学から歴史までワンセットの理屈があり、余すところなく網羅的にカバーしているのです。彼らが教えるそうした信念を小さい頃から深く植え付けることは、とても効果的なのです。開明的ないし民主派を自認する人でさえ、術中にはまっていることがしばしばです。批判的な過激派を自称する者ですら、その実、もっとも基本的な観念はそこから来ていたりします。

——警察につきまとわれたご経験があると思います。これまでどのような嫌がらせに会ってこられましたか。また、そうした経験をしてどのような思いをされてきたかをお聞かせ下さい。

おおよそ一九九六年くらいから始まりました。私のような学者の場合、最初は警察が直接、接触してくるのではなく、所属先を通してでした。つまり、私が所属していた中国社会科学院を通じて圧力をかけてきました。覚えているのは天安門事件一五周年の一九九四年のときに、私はある公開書簡にサインをしました。それは天安門事件に対する評価について改めて議論をし、それについて再検討すべきことを呼びかける趣旨のものでした。劉暁波が発起人となり、できるだけ広い範囲に賛同者を募ろうして、体制内の学者（彼らは私を体制内の者と位置づけていました）にも声をかけて、一緒に意見を表明しようとしたのです。私は彼らと親しかったわけではありませんでしたが、私はことさら彼らから逃げる必要もないと思いました。彼らの思いはこの件を多くの人に知ってもらいたいという点にあり、いわゆる「民主化運動家」と呼ばれる人たちだけがかかわればよいことだとは思いませんでした。社会的に広く支持されてしかるべきことです。私はもっともな主張であると思いましたので、サインに同意しました。ところが、事態はとても深刻な方向へ進みます。研究所の共産党書記や所長、副所長などが、何度も私を訪ねては、署名を取り下げるようにプレッシャーをかけるのです。しまいには研究所の上の社会科学院の上層部までが私に接触してきました。最悪、私はクビになるかもしれないとは思いましたが、譲歩はしませんでした。

一九九五年、九六年くらいから警察が家に来るようになりました。私が受けた嫌がらせは他の人と比べたらたいしたことはありませんが、私はとても強く反発しています。私の市民としての権利がひどく侵害されているからです。最初に警察が来たときには、余りに荒唐無稽で呆れてしまったことを記憶しています。そのときは「両会」、つまり毎年三月に開かれる政治協商会議全国委員会、全国人民代表大会のころでした。この会議があるということで彼らは我が家へ来ただけで、別に実質的な用件がある訳ではなく、デタラメなことを話しては去っていきました。当時、私はとても納得がいきませんでした。本来、「両会」が開かれるということは、我々中国は共和国であり、市民が国の主人であることを意味します。これに際して、私には市民としての権利を行使する権利、つまり国に対して提案を出したり、政府を批判したりする権利があるはずです。そうでなければ、「両会」を開く意味はありません。ところが、「両会」が開かれるというので警察が我が家にやってきて、彼らの存在をわざと示して威嚇しようとするのです。そのとき私は怒り狂いました。以後、毎年二月、三月になり「両会」が近づくと、警察が決まってやってくるようになりました。私はときには彼らがドアの内側に入ることを拒むこともありました。その後、劉暁波がノーベル平和賞を受賞してからは、私に対する監視、制圧のレベルがぐっと上がりました。

## ソフトランディングは可能か？

――今後の中国の行く末について伺います。中国の民主化、立憲主義の確立はどのような道を歩むのか、果たしてソフトランディングは可能なのか？　もし可能だとして、どのようなアプローチがありうるか、そのシナリオについていかがお考えですか。

民主化、立憲主義の道は、私が断固として支持しているものです。私が思うに中国のインテリ層の間では、中国における民主化、立憲主義への移行は、平和的、理性的、できれば法的手続を通して、法治を打ち立てる過程のなかで徐々に推進していくべきであるということで、ほぼコンセンサスがあると思います。たとえば、憲法の改正や改善を通じて行うべきで、とくに大革命が起きることを期待するものではありません。しかし、指摘しなければならないのは、政治改革に期待をかけることがほとんどできないために、一部の人の態度に変化が生じつつあるということです。つまり、中国にはやはり革命が必要であるという考えの台頭です。目下の形勢は革命の発生を育みつつあると言えます。でも、私は個人的にはなおできれば革命や大きな社会的な混乱を避けることを望んでいますので、その方向での努力を続けたいと思います。中国知識人のなかではこの二〇年くらいの間に考え方に大きな変化が生じています。つまり、急進的な革命を期待するのではなく、イギリス式の名誉革命を目指す方向への転換です。内部的な制度の地道な改善を通して一歩一歩社会変革を進めようとする考えです。もっとも、この路線に今のところ希望の兆しは見えません。しかし、私は中国に革命や大混乱は起きて欲しくはないのです。それはとても怖いことです。

――中国の学者であれ、我々外国の研究者であれ、流血の革命を見たい者はいないでしょう。しかし、一党独裁体制のもとで、もし漸進的な民主化が進むとしたら、少なくとも独裁政党自身がそれに同意しない限り改革は進みません。もし政権党が自らの統治の維持にプラスに働くと判断すれば、改革に同意する可能性が出てくると思います。問題はそうした状況がどのような場合に出てくるかです。戦後、台湾へ渡った中国国民党政権は、七〇年代以降、国際社会における「中国」としての地位を失うことでいわば政権の外部的正統性を急速に喪失しました。そうしたなかで政権維持のためには、正統性を台湾の内部に求めざるをない状況におかれ、選挙制度の民主化を図ることになりました。私には中国共産党が果たしてどのような状況になれば民主化に同意するのか、なかなか想像ができないのですが、先生はいかがお考えでしょうか。

まず、言っておきたいのは、大部分の中国人にとって幻想ないし希望は、台湾の蔣経国のような人物が登場することなのです。あるいは、ソ連のゴルバチョフですね。でも、この希望はとっくに破綻しています。したがって、多くの人はこの路線には多くの期待ができないと思っています。ですから、万が一、社会的な大混乱が起きたら、自分はどう振る舞うか。そうした状況のなかで自己をどう位置づけるかを考えています。私は大混乱のなかで何か役割を果たすことはないでしょう。私自身は革命的な人物ではありませんから。私はできるだけ冷静かつ理性的に振る舞うつもりです。もし天下に大乱がおきようとも、私は造反した大衆、党派ないしグループに向かって、冷静を呼びかけ、混乱による損失を最小限にとどめることを望みます。これが第一点です。第二には私はかすかな希望をもっているんです。国際社会は恐らく現在の政権党にプレッシャーをかけて平和的な転換を促すことはできないでしょうし、党内に蔣経国のような人物が出てくることも望めない。しかし、本当に中国社会の矛盾が極限に達して、政権維持に危機が迫ったとき、権力者の前にはふたつの選択肢が突きつけられます。一つは譲歩、妥協、平和的な転換による政権維持という道、もう一つは武力による鎮圧です。私は鎮圧だけが唯一のレスポンスないし選択肢であるとは思いません。政権党のなかに進んで改革に取り組もうとする者はいないとしても、もう情勢は前に進むしかないところへ来ています。ですから、私の考えは、平和的、理性的な態度で将来の変革に向き合うべきであるというものです。私はまだ完全には希望を失ってはいません。あるいは、幻想だとは知りつつも、中国にとってもっともよい道は政権党内部、トップの指導層から開明派が現れ問題を解決してくれることです。それが中国にとってもっとも良いシナリオだからです。

（二〇一二年八月二八日／北海道大学札幌キャンパスにて）

註

（1）原語は〔档案〕。出生以降の個人にかかわるあらゆる情報を綴じ込んだファイル。木間正道ほか『現代中国法入門』第六版（有斐閣、二〇一二年）二三八頁参照。
（2）「毛」は元の一〇〇分の一の通貨単位。
（3）一ムー〔畝〕は六・六六七アールに相当。
（4）共産党は一九四九年の中華人民共和国の成立をもって旧社会からの「解放」が達成されたと説明している。
（5）黄連は漢方薬の薬材。口に苦いものの喩え。
（6）一九七一年九月一三日に発生した林彪（中国共産党副主席）による、毛沢東主席暗殺未遂事件およびクーデター未遂、その後の亡命未遂事件。毛沢東の後継者として確定していた林彪によるクーデター企ての発覚、その後の墜落死はいまだ多くの謎に包まれている。
（7）労働を通じた自己改造を目的とする刑の執行制度。前掲『現代中国法入門』二八一頁参照。
（8）一九三五年一二月九日に起きた北京の学生を中心とする抗日救国運動。

# 重慶事件における新左派の役割と現代中国リベラリズムの政治思想史的位置

汪暉と徐友漁の言説を中心に

石井知章

## はじめに

重慶事件、反日デモ（暴動）、そしてその背後で繰り広げられた激しい党内権力闘争の末、習近平体制の成立へと導いた第一八回党大会の開催と、いくつもの政治社会の変動を呼び起こした二〇一二年は、中華人民共和国の歴史上、きわめて大きな転機となる一つのメルクマールとして、恐らく今後、永く記憶されることになるであろう。とりわけ、一九八九年の天安門事件以来の一大政変とも呼ばれた薄熙来の解任劇とは、長年にわたる経済改革と開放政策の努力に背を向ける人物として温家宝が薄を断じることで、その政治手法をめぐり、「政治改革の推進か、文化大革命という歴史的悲劇の再来か」の選択を迫るものであった。その特異ともいえる手法とは、「紅を歌い（唱紅）、黒を打つ（打黒）」、すなわち、毛沢東や中国共産党を讃える文化大革命当時の革命歌などを歌い、かつ黒社会（マフィア、暴力団）を追放するという名目で、実際にはそれとはまったく逆に、自らとは政治的に対立する善良な市民をつるし上げ、きちんとした法的手続きも経ずに無辜なる人々を弾圧していくという、いわば文化大革命の二番煎じともいうべきものであった。だが、これらは明らかに、市場経済そのものは否定せずに、毛沢東時代への部分的回帰を訴える国家統制派、すなわち「旧左派」に属する「保守派」によって築かれた権力基盤をよりどころにして繰り広げられたことである。このことを思想史的に見た場合、この一〇年余りの間にその影響力を拡大してきた、いわゆる「新左派」（＝新保守派）の直接・間接関与を指摘しないわけにはいかない。

ここでは、こうした政治的対立を生み出している中国の政治的かつ思想的背景をめぐり、いわゆる「新自由主義派」と「新左派」との対立構図の中で、二〇一二年春の重慶事件の意味を歴史的、かつ思想史的に分析し、さらにこの事件の背後にある「新左派」と対立する「自由主義派」の思想的位置をめぐり、これらの代表的な論客である汪暉と徐友漁の言説に内在しつつ、今後の中国における政治改革の可能性を探っていく。

## 1　重慶事件のあらましとその政治的背景

薄熙来の側近、王立軍重慶副市長が二〇一二年二月七日、成都の米総領事館に保護を求めたが拒否され、北京に連行されたという報道を契機に、日本でもその事件の内幕が徐々に明らかにされていった。政治局委員でかつ太子党として知られる薄熙来は二〇〇七年、いったん重慶に左遷されたものの、そこで暴力団撲滅・毛沢東讃美で胡錦濤政権に挑戦していく。だが、やがて数々の冤罪の訴えに対する追及を浴び、王立軍による「トカゲのシッポ切り」に追い込まれる。元趙紫陽の側近であり、保守派・軍の反発が根強い温家宝は、三月半ばの演説で、「この社会問題の解決を図らないと文革再来の恐れがある」と語った。この重慶の「運動」では、多くの民間実業家が無実の罪で極刑に処されたり、資産を没収されつつ、八〇日間で三万三〇〇〇件の刑事事件が摘発され、九五〇〇人が逮捕された。★1 薄熙来は舞台裏の工作という不文律を破って、毛沢東に似た大衆迎合の政治的手法を用い、指導層を恐れさせた。しかも、ここで重要なのは、薄熙来がいまだに最高実力者としての影の力を及ぼし続けている江沢民の支援下にあった、ということである。その重慶支配の実態とは、犯罪の捏造、拷問による自白、実業家の恐喝、薄の敵対者への復讐、身内への利益供与等であったにもかかわらず、九人の常務委員中六人までもが、「打黒」運動が始まった二〇〇九年以後、足しげく重慶詣でをしていたという事実は、そうしたトップリーダー周辺をめぐる権力構造が背景にあったことを如実に物語っている。

一九八九年の天安門事件を契機に政治的には完全に排除された趙紫陽とは異なり、いまも政治的な基盤を残しているのが胡耀邦であり、さらに八九年四月の胡の死去に伴い、そのあとをついだ改革派の趙紫陽を補佐していたのが温家宝である。八七年の「反自由主義」運動の手法と思想が文化大革命の流れを汲むものと考えていた胡耀邦は、当時の状況を「中堅の文革」と呼び、その後も「小さな文革がくるだろう」と警告しつつも、「やがてそれは歴史の表舞台から徐々に消えていくだろう」との認識を示していた。[★2] この意味でいえば、二〇一二年春にあからさまになった重慶事件とは、まさにこの「中堅の文革」の再来であったといえる。こうした薄熙来の手法が「重慶モデル」と呼ばれるのに対して、その対極に位置づけられるのが新自由主義的「広東モデル」である。これらは実際の政治、経済、社会をめぐる諸政策に具体的に反映されているという意味では、中国共産党の路線対立そのものでもあった。いずれにせよ、このことが毛沢東時代への部分的回帰を訴える国家統制派、すなわち「旧左派」に属する「保守派」と「新自由主義派」との現実的対立構図を生んできたことだけはたしかである。こうした現実政治の背後で、思想的、かつ学問的に対立してきたのが、いわゆる「新自由主義派」と

「新左派」に他ならない。

## 2 「新自由主義派」と「新左派」との対立構図

この三〇年間にわたって国家の開発戦略として採用されてきた「改革・開放」政策の下、中国では「社会主義市場経済」という名の新自由主義的な経済システムが拡大していった。このことが二桁成長という高度な経済発展を実現する一方、とりわけ都市と農村との間の貧富の格差を急激に拡げていったことはいうまでもない。グローバリゼーションが急速に進展した一九九〇年代の後半以降、こうした社会的不公平さの発生原因とその是正のための方策をめぐり、その問題の根源を市場経済化の不徹底と見る「新自由主義派」と、市場経済化を資本主義化そのものととらえるいわゆる「新左派」とが対立してきた。両派の対立は主に、(1)「新自由主義派」が「効率性」を重視するのに対し、「新左派」は「公平さ」を重んじ、(2)「新自由主義派」が公平性の基準として「機会の平等」を、「新左派」が「結果の平等」を取り上げ、(3)「新自由主義派」が不公平社会を生み出した原因を市場経済化の不徹底と政府の市場への不適切な介入であるとしつつ、私有財産制の確立と市場主義原理に基づいた所得の分配の必要性を主張するのに対し、「新左派」は私有財産と市場経済化自体を問題視し、公有制の維持を提唱し、(4)「新自由主義派」がグローバル化を基本的に肯定するのに対し、「新左派」は反対の立場をとるというものであり、二つの陣営ではこれら四つを主な基軸として、多くの論争が繰り広げられてきた。この思想・学問レベルでの論争では、前者が基本的に大勢＝体制派を占めつつも、とりわけ二〇〇八年の経済危機以降、農村では農地を失い、はるばるやってきた都市では不安定な職さえ失うといった農民工や、先進国並みに拡大する非正規雇用、そしてワーキングプアといった社会的現実の展開など、いわば「新自由主義的」市場経済政策の行き詰まりをめぐって対立してきたといえる。

だが、毛沢東時代に駆使された国家統制の論理の「部分的」導入によって新自由主義を批判する「新左派」の台頭とは、清末の洋務運動（「中体西用」）以来、往々にして「前近代的」なものをその内に含む「伝統社会」へと回帰する中で「革新」が図られてきた中国では、ある意味で、きわめて自然な成り行きともいえる社会現象であった。ちなみに、中国の社会主義市場経済を新自由主義の一形態とみなす議論は、D・ハーヴェイの『新自由主義』（作品社、二〇〇七年）でも扱われたことから、いまでは一般的な見方として、中国国内ばかりでなく、国際的にも広く受け入れられている。

とはいえ、実際の政治のレベルでは、旧社会主義的原理の復活を唱える「新左派」の論理でさえ、市場経済至上主義に対する有効な対抗手段とはなれずにきたというのが、これまでの厳然たる事実である。それは一言でいえば、その政治的主張が毛沢東主義を讃える「旧保守派」の言説を「批判的に」補完するものにとどまっていることに由来している。たとえ「新左派」がどれだけ「主観的」にそのことを否認したとしても、その政治的機能を多かれ少なかれ「客観的」に果たしながら現実化しているのが既述の重慶事件である以上、その基本的主張に対する結果責任（M・ウェーバー）が厳しく問われることは、国内的にも、国際的にも、もはや免れ難いことであろう。

これに対して代表的な「新左派」の知識人の一人で、日本でも大きな影響力を持っている汪暉（清華大学教授）は、おそらく批判の矛先が自分に向けられていることを敏感に察したからであろうが、こうした「文革の再演」論が「何の根拠も持たない」ものであり、「それは空洞化したイデオロギーに基づいて作り出されたもの」として、「新たな新自由主義改革のための政治条件」を作り出している、などとする自己弁護の論を公然と表明している。★3 だが、こうした汪暉をはじめとする「新左派」の立論とは、以下で見るように、中国における「近代」と「前近代」の意味を根本的に履き違えた、きわめて巧妙なレトリックによる論理のすり替えであるにすぎない。

## 3 「新左派」の旗手、汪暉とその文革をめぐる言説の問題性

その最新の著作である『世界史のなかの中国』(青土社、二〇一一年)で、これまで「新左派」の旗手としての役割を果たしてきた汪暉は、「脱政治化」という言葉をキーワードにして、世界史的なコンテクストにおける中国革命史のなかでも、とりわけ六〇年代のもつ特別な意味について問うている。

全世界的に社会運動、反戦運動、民族解放運動が盛り上がった「一九六〇年代」問題について汪は、「二〇世紀中国」の問題そのものとしてとらえた。日本を含む西側では、この激動の時代をめぐりさまざまに議論されてきたのに対し、中国ではもっぱら「沈黙」が保たれているのはいったいなぜなのか。中国の論壇におけるこの「沈黙」の意味を考えるようになったという汪は、この「沈黙」そのものが、その急進的な思想・政治的実践、すなわち中国の「六〇年代」の象徴である「文化大革命」を拒否していただけではなく、二〇世紀の中国全体に対する拒否でもあったとする。ここで汪がいう「二〇世紀中国」とは、辛亥革命(一九一一年)前後から一九六七年前後までを指しているが、それはまた「中国革命の世紀」でもある。それが終わりを告げるのは、一九七〇年代後期から天安門事件(一九八九年)までの「八〇年代」であった。

汪によれば、世界レベルでの二〇世紀の政治とは、政党と国家を中心に展開しており、その危機は政党と国家という二つの政治形態の内部において生まれたものである。近代政治の主体（政党、階級、国家）が、いずれも「脱政治化」の危機にあるという状況下で、毛沢東主義への回帰によって「新たな政治主体をもう一度さぐってみようとするプロセス」には、「政治領域を再規定しようとするプロセスが随伴することになる」という。だがこれは、一党独裁体制下にある現代中国において、毛沢東時代の「前近代」的手法によって現在の人権抑圧的政治プロセスがまるごと隠蔽されてしまうほど、高度に「政治化」されているという「危機」そのものであることを、完全に包み隠すものである。毛沢東思想の「歴史的遺産をもう一度持ち出して揺り動かそうとすること」は、「未来の政治発展に向けた契機」を含んでいるどころか、重慶事件が如実に示しているように、それとはまったく逆に、「二〇世紀」的なもの以前の「前近代」への後退をもたらすものである。仮に「新たな政治主体」を探るプロセスに「政治領域の再規定」が前提にされるのだとしても、その作業に不可欠なのは、六〇年代の毛沢東ではなく、むしろ八〇年代の胡耀邦、および趙紫陽への回帰であるはずなのに、これまで汪をはじめとする「新左派」の知識人、そしてそれを支えている日本の一部の知識人たちは、その可能性にすら触れようとはしない。筆者のみるところ、これらはみな、「脱政治化」という価値中立性を装う言葉によって、対外的にはますます覇権的になり、対内的にはこれまで以上に抑圧的になっている現代中国の一党独裁政治をきわめて巧妙にオブラートで包み込む、「超政治化」のプロセスそのものである。それは現代中国社会が抱える巨大な負の局面をまるごと隠蔽する中国の現体制によって行使される強大な政治権力との親和性の強い、いわば一党独裁政治に対する補完的な言説であるにすぎない。

さらに汪は、「脱政治化」という命題から、中国の党＝国家体制とその「転化」を問題にする。ここではイタリアの中国研究者、アレッサンドロ・ルッソを引用しつつ、「文化大革命」が「高度に政治化した時代」であったと指摘したうえで、「この政治化の時代の終焉は、一般に思われているように七〇年代中後期に始まるのではなく、『文革』開始後から次第に発生するようになった派閥闘争、とりわけ派閥闘争に伴う暴力衝突の時からすでに始まってい た」と論じた。つまり、「政治化の時代」の終焉とは、八〇年代ではなく、六〇年代そのものの「脱政治化」からすでに生じていたというのである。だが、「労農階級」なるものが「前近代」的、あるいは「擬似近代的」論理で成立していた以上、文革の六〇年代とは、「脱政治化」どころか、むしろ「前近代」的非合理性に基づく高度な「政治化の時代」そのものであったというべきであろう。その歴史的事実を鑑みれば、ここでの汪の隠された政治的意図とは、「文革」という中国にとって厄介な歴史的存在を西洋「近代」と同等とみなす比較の対照性において、いわば「近代ロンダリング」として、可能な限り政治的に「中性化」しようとする虚しい試みである。だが、それにもかかわらず、汪は次のように続ける。

「文革の終焉は、『脱政治化』のプロセスから生み出されてきたということになる。ルッソによれば、『脱政治化』は『ポスト文革』時代の中国だけに見られる現象ではなく、今日の西洋政治にも見られる特徴だという。支配権が伝統君主から近代的な政党へと転化していくのは、政治的モダニティの根本的な特徴だ。党専政と複数政党政治は、いずれも近代的な党＝国体制がその基本的な枠組みになっている。その意味では、この二つの国家モデルは、どちらも党＝国と呼ばれるべき範囲を出ない★4」。

ここでも汪の目指すものとは、西洋近代との対照性における「中国近代のロンダリング」である。これは西洋近代の伝統的君主制のもつ一時的統治としての「暴政」と中国のような永続的政体に根付いている「専制」とを混同し、西洋近代がもたらした負の局面と同根のものとして「文革」を解釈しようという欲求の表れである。「文革」における暴政の発生根源そのものが違うのだから、「ポスト文革」なるものも、「近代」（モダニティ）の所産であるとみなすわけにはいかない。しかもそのことを、西洋人としての中国研究者であるルッソが論じているというのがここでの重要なポイントであり、「西洋的」近代と「アジア的」（マルクス）前近代との混同を「西洋的」近代の側から正当化するためにルッソが利用されていることが伺える。だがここでは、「外国の学者」による「研究」が中国政府寄りでありさえすれば、「それが現実とどれだけギャップがあろうと、中国政府はこれを採用し、『参考消息』や中国研究を紹介する外国むけの刊行物に掲載した」という何清漣の言葉との親和性を想起すべきであろう。★5

さらに、汪によれば、二〇世紀中国の政治は「政党政治」と密接に関係し合っており、政党自身がいわば普遍的な「脱価値化」のプロセスの中に置かれていた。したがって、政党組織の膨張し、政党構成員の人口に占める割合の拡大が、その政党の「政治的価値観」の「普遍化」を必ずしも意味しなくなったとしても、汪にとっては、まさにそのこと自体が中国共産党を含めた「普遍的」現象なのだ、というわけである。ここで政党は日増しに国家権力に向かって浸透と変化を遂げ、さらには一定程度、「脱政治化」し、機能化した国家権力装置へと変わっていったのだという。つまり、ここでも汪は、一党独裁の「中国共産党」をいかにして「西洋近代」の多元的国家における多党制の下での「政党」と同一化するかで躍起になっている。ここで汪は、この「二重の変化」を「党＝国家体制」から「国家＝党体制」への「転化」と称し、前者には政治的態度が含まれるが、後者では権力を強固にすることに専ら力が注がれたとした。かくして「政党の国家化のプロセス」は、二〇世紀中国に生まれた「党治」体制を、国家中心の支配体制へと転換するが、それはまた必然的に「国家の政党化」のプロセスでもあるという。だがこのことは、一党独裁の中国共産党にこそあてはまるという事実を価値的に「中性化」するものである。

汪のいう「政治化の時代」の終焉とは、六〇年代そのものの「脱政治化」どころか、六〇年代以来の、「前近代」的非合理性に基づく高度な「政治化の時代」そのものであり、「超政治化」という恣意的隠蔽のはじまりですらあった。その隠された政治的意図とは、「文革」という中国にとって厄介な歴史的存在を西洋「近代」と同等とみなす対照性において価値的に「中性化」しようとする、いわば「中国近代のロンダリング」にこそある。さらに一党独裁の「中国共産党」と「西洋近代」の多元的国家における多党制の下での「政党」との同一化は、一党独裁の中国共産党によって行使されるレトリックにこそあてはまるという事実を、同じく価値的に「中性化」するものである。それは「脱政治化」という客観的中立性を装う言葉によって、現体制に対する間接的擁護という自らの政治的立場のイデオロギーを隠蔽しようとする「超政治化」の過程そのものである。

だが、ここで問われるべきなのは、われわれが現代中国における「前近代的」なものの存在そのものを、まさに「事実」として承認できないでいるという事実と、そのことをめぐる根源的な意味である。とはいえ、中国国内でも、この重慶事件をめぐり、汪暉など新左派に対してその結果責任を追及する批判的言説がその直後から現れていたことに留意すべきであろう。[★6]

## 4　徐友漁のリベラリズムと「新左派」批判

　こうした「新左派」の勃興をもたらしたポスト天安門事件期における江沢民体制を基盤とする九〇年代の言説空間には、八〇年代までに築かれてきた中国思想文化を根本的に拒否しようとする巨大な変化が現れることとなった。西側の「ポスト・モダン」の言説を中国に持ち込み、自らの思想的よりどころとする「新左派」らが、現代化の動向、人道主義的価値観、啓蒙をめぐる社会的雰囲気や潮流を科学、民主、理性の承認や提唱によって築いてきた八〇年代の「新啓蒙運動」に対して、深い疑義や猛烈な批判を社会に巻き起こしたのである。彼らは八〇年代の思想文化を「全面的西洋化」であると称し、「西洋の植民地主義に服従する言説である」と批判していった。こうした「新左派」らの動向に対して、すでに一九九〇年代から批判的な立場を貫いてきたのが、最も有力なリベラリストの一人、徐友漁である。彼は現代中国における「リベラルなもの」の源泉を五四運動の啓蒙主義にまで遡りつつ、新自由主義的な市場経済至上主義者らとも一線を画すという点において、いわば古典的リベラリストであるといえる。

　ところで、ここで問題となる啓蒙とは、いうまでもなく、人間が「未成熟状態から抜け出す」（カント『啓蒙とは何か』）ことを指している。こうした歴史に逆行することに無頓着な「新左派」（＝新保守派）の勃興という動きの中で、現代中国においてきわめて大きな影響力をもつ徐友漁は、大躍進、人民公社運動、文化大革命といった毛沢東時代の「前近代的」非合理性の全面的展開をめぐる自らの体験を通して、啓蒙としての普遍的近代の意味を問い続けてきた代表的知識人の一人である。文革という「前近代的」非合理性の噴出をもたらした没理性的歴史の現実が、彼に深い反省と内面的省察の機会を与えたことはいうまでもない。「人類の歴史には、たしかに理性の暗黒状態が存在し、数億の人々がほとんど一つの頭脳しか持たず、それ以外の人々は、成熟のない状態にとどまり、その熱狂、盲従、迷信ぶりは、ほとんど白痴さをともなうものですらあった」[★7]。当時の新聞・雑誌では、通常の生産量を越える数万、数十万キロの食料が生産されていたことになっていたにもかかわらず、数千万人の人々が餓死し、毛沢東に忠誠を尽くす「忠の舞」が踊られ、毛沢東の彫像や肖像が汚されただけで、無垢なる人々が逮捕されていった。また、遇羅克や張志新などのケースに見られるように、知識青年が真理を追求し、真実を口にしただけで、迫害の目に遇ったり、生命まで失う危険にすら晒されていたのである。それゆえに、徐はいう。

「中国における理性とは、いつ如何なるときにでも失う可能性があるがゆえに、いまだに科学の推進はしっかりおこなわれなければならないし、民主とはいまもなお待ち望まれるところの一つの夢であり、したがって啓蒙とは、いくつもの世代の知識人が努力してきた方向性であると、私の生活経験は告げている。ここから二〇世紀のはじめまで遡れば、五四新文化運動とは必然的合理性であったし、また中華民族が近代に目覚めつつあることを示す第一歩であったことが分かる。五〇～六〇年代の悲劇とは、啓蒙精神の喪失が、どれほど深刻な結果をもたらし得るかを示しており、九〇年代初頭のさまざまな『ポスト』云々主義の勃興とは、その客観的効果としては、八〇年代における新啓蒙の合法性を中断するものであった」[★8]。

西側からの表面的な直輸入にすぎないものの、「新左派」らが好んで引用するさまざまに異なった思想・流派とは、啓蒙の精神、近代化の動向、及びグローバリゼーションに対して、大いなる疑問と不同意を投げかけているという点では皆、共通している。それゆえに、「新左派」の立場とは、そして往々にしていかにももっともらしく施されるその「解説」とは、理論上反駁にあうだけでなく、「事実に照らし合わせても、その性格と役割とは、それが美化するものとはまったく異なるもの」である[★9]。それゆえに、「毛沢東は七、八年に一度やってくる」、人々は「階級闘争」を通して「鬼や蛇を一網打尽にする」などとする「新左派」の主張とその政治的立場とは、けっして社会的刷新を創出するものではなく、むしろ古い魂を呼び戻し、民族の古傷に乱暴に触れるものであり、したがって「新左派」の立場とは、「五〇～六〇年代の政治運動をきちんと整理してから自らのご高説を語るべき」といった性格のものである。[★10] 人々が市場経済の進展とともに金儲けに夢中になり、文革のもつ過去の悲惨な事実から目をそむけるようになると、もはや文革という過去の忌まわしい記憶については誰も語らなくなった。このことを奇禍として、「新左派」は社会的矛盾を拡大しつつある「市場経済社会主義」という名の高度資本主義への批判を強める一方、日本を含む西側の左翼勢力との観念的な一体化によって、文革の根源として中国社会の基底に横たわる「前近代的」遺制のもつ負の遺産をまるごと隠蔽してきたのである。[★11]

そもそも、「新左派」の致命的な欠陥を一言でいうならば、それは実際の中国社会の現実からはほとんど乖離しており、たとえば、甘陽や崔之元らにみられるように、西側の最新思想をとりあげつつも、それらを血肉化して「前近代的」封建遺制の批判のために使うといった事柄とはまったく無縁なことである。その思想の問題性は、むしろそれらの表面的なロジックだけをご都合主義的に使って、中国の歴史や現実を歪曲し、無理やりに自らの理論的枠組みに押し込んでしまう、というところにある。[★12] たとえば、新啓蒙がすでにその歴史的役割を終え、衰退の一途にあると主張する汪暉は、新啓蒙が批判の根拠を国家内部の政治そのものへ向けて、市場経済下の政治に向けていないのだと「批判」している。つまり、ここでの「批判」は、新啓蒙の主張するような専制主義への批判ではなく、世界資本主義市場への「批判」にこそ向けられるべきであるというのである。[★13]だが、徐によれば、これらの「批判」とは、いずれも中国の現実から出発するものではなく、中国での有用性（relevancy）をもたないまま、西側でのみ有効な「新左翼」の理論を用いて、たんに言葉の上で「批判的」理論を弄んでいるにすぎない。[★14]このように、九〇年代以降のポスト天安門事件期という、江沢民によってさらに強化された一党専制独裁体制下の論壇の中心に位置する中国の知識人たちに瀰漫しているのは、いわば市場経済至上主義のもたらした拝金主義的思想にそのまま対応しているだけの、一種の犬儒主義（シニシズム）なのである。[★15]

徐のみるところ、こうした憂うべき社会情勢がもたらされたことの背景には、「反専制」、「反封建」を主要なテーマとしていた五四運動以降、その運動を支える精神の根底にあった自由主義の思想が、中国社会に根付かないまま、立ち切れになってしまったことがある。一九二〇年代から三〇年代にかけて、一部の先駆的リベラリストが社会主義を擁護するようになると、それが一定の社会主義的「修正」を受けるプロセスで、「リベラルなもの」が「社会民主主義」としてのみ現実化し、「政治上の民主と経済上の社会主義」を唱えるといった、大きな思想的変化を遂げることとなった。だが、一九三〇～四〇年代にかけて、ついに社会民主主義と共産主義（ボルシェビズム）とが拮抗・対立するようになると、最終的には「専制的」共産主義が勝利を収めることで、自由主義と社会民主主義とのいずれもが、この半世紀余りの間、ことごとく「異端」としての扱いを受けることとなったのである。つまり、マルクスにすら擁護されていた社会民主主義のもつ政治理念とは、本来的には伝統的専制主義から抜け出す力すら内在させていたにもかかわらず、共産党支配下の中国では、自由主義の思想的基盤が社会に根付くことがなかったため、独立自主の立場で憲政を支えるだけの力とはなりえず、逆にリベラル・デモクラシーを「虚偽のイデオロギー」とみなし、「平等」という言葉の下で「専制主義」をむしろ容認しさえする脆弱さを孕んでいたというのである。★16 それゆえに、こうした中国における自由主義と社会民主主義をめぐる政治思想史的変遷を踏まえた徐は、「中国大陸の憲政の前景にある基本原理と価値の選択にとって、論理的順序と時間的順序の区別はなく、われわれは自由主義を社会民主主義に先んずる地位におかなければならない」と確信するに至った。★17

## 5　鄧小平と趙紫陽の政治改革の今日的な意味

前述した重慶事件が示すように、仮に部分的にであったとしても、毛沢東主義という名の中国の「伝統」への回帰によって「革新」をもたらそうとする試みとは、徐友漁の言葉を俟つまでもなく、文革の際、全面的に復活していった「前近代的」非合理性を再び呼び起こすことに帰結するだけである。いいかえれば、毛沢東主義という「伝統」への復帰による「近代化」の推進とは、あたかも清末の洋務運動での「中体西用」（伝統中国を基底にして近代西洋を用いる）がことごとく失敗したように、たんに「前近代的」なものへの後退、とりわけこの一〇年余りの間、「新左派」の拡大とともに復活し、ますますその「伝統」の力を強めてきた「封建専制」の再来をもたらすだけなのである。では、いったいここではなにが求められるのか。

毛沢東体制の終焉という歴史的転換点で開催された中国共産党第一一期三中全会（一九七八年一二月）では、「一〇年の災難」と呼ばれた「極左」路線、文化大革命が全面的に否定され、新たな現代化路線への一大転換が方向づけられた。この会議では、文革期における毛沢東の個人崇拝、その独裁的政治手法によってもたらされた「党の一元的指導」による数々の弊害が指摘され、党・政府・企業指導の不分離現象の改善、管理体制の機能化・効率化の必要性が提唱された。ここでは社会主義＝労農国家という本来の理念とは大きくかけ離れてしまった中国社会主義体制下において、「人民民主主義」を実現すべき「プロレタリアートの独裁」が、実際のところ「党の独裁」、さらには「個人独裁」へと導いてしまったという政治システムをめぐる根源的諸問題を直視し、それを国家と社会との関係でいかに解決すべきかが真剣に問われたのである。この新たな改革開放の時代において、中国共産党が取り組むべき重要課題として注目されたのが、単に党や政府という「国家」の指導機構の改革だけでなく、それをとりまく「社会」における企業の党政ガバナンスのあり方、そしてそれを「下から」支える利益表出団体としての労働組合（工会）のあり方といった「社会」主義的諸制度をめぐる「民主的」改革であった。

こうした中で行われた鄧小平による「党と国家の指導制度の改革についての講話」（中国共産党政治局拡大会議、一九八〇年八月）とは、中国共産党史上はじめて、過去における「封建専制」という名の「アジア的」（マルクス）専制主義の存在そのものを公式に認めて、それが文革という悲劇を招いた根本原因の一つとみなした画期的な内容であった。ここで鄧は、「（文革の発生が）わが国の歴史上の封建専制主義の影響と関係があり、また国際共産主義運動時代におこなった各国の党の活動において、指導者個人が高度に権力を集中させていたことと関係がある」と認めつつ、それを如何に克服するかという現実的政治課題に結び付けたのである。

こうした改革開放政策のなかでも、とりわけ注目すべきなのは、趙紫陽が第一三回党大会（一九八七年一〇月）で、さまざまな具体的政治体制改革を提起したことである。その「政治報告」で趙紫陽は、⑴「党政分離」の方針、⑵国家行政機関の中心で実権を握っている党組の撤廃、⑶「党指導下の工場長責任制」から「工場長単独責任制」への切り替え、⑷基層民主（村民自治と住民自治）の推進、⑸情報公開の推進および社会対話制度の整備、などの大胆な政治体制改革を提起したのである。ここで趙紫陽は、現代化により生産力を発展させ、そのための改革を全面的に推し進め、公有制を主として大胆に計画的商品経済を発展させるなどの諸条件づくりを提唱した上で、その民主的改革遂行の困難さの原因として、中国の伝統的「封建専制」の影響に言及した。趙はいう。「必ずや安定的団結の前提の下で、民主政治を建設すべく努力しなければならない。社会主義は、高度な民主、完成された法制、安定的社会環境を有すべきである。初級段階においては、不安定要因がきわめて多く、安定的団結を維持することがとりわけ重要となる。必ず人民内部の矛盾を処理しなければならない。人民民主の独裁を弱めることはできない。社会主義的民主政治の建設は、封建専制主義の影響が深いという特殊な緊迫性の存在ゆえに、またその歴史的、社会的条件の制限を受けるがゆえに、秩序ある段取りでしか、進めることができないのである」(同「政治報告」)。つまり、ここでも趙紫陽は鄧小平と同じように、文化大革命という悲劇をもたらし、民主主義の健全な育成を妨げる根本原因の一つとして、中国の歴史的、社会的伝統である「封建専制」の問題を取り上げ、それを社会主義初級段階論に結びつけつつ、長期的視野に立って、「封建」遺制の克服を企図したのである。

これはかつての資本主義論争において、いわゆる「二段階革命論」として議論された「ブルジョア民主主義」をめぐる現代的再論である。趙紫陽はここで、「中国人民が資本主義という十分な発展段階を経ることなく社会主義の道を歩めることを認めないのは、革命の発展という問題上の機械論であり、かつ極右的な誤りの認識上の重要な根源であるが、生産力の巨大な発展を経ずに社会主義の初級段階を越えられると考えることは、革命の発展という問題上の空想論であり、極左的誤りの認識上の重要な根源である」と述べ、いわば「遅ればせのブルジョア革命」の必要性を提唱したのである。だが、天安門事件以降、こうしたオルタナティブとしての前向きな政策提言とは、中国国内ではすべてタブー扱いされ、公的に議論することすら許されなくなったばかりか、日本の中国研究者の間でさえ、ほとんど取り挙げられなくなったというのが実状である。このことはまた、日本における中国研究の現在が、たんに中国国内における権力構造と、それに対応した言説空間をそのまま反映したものにすぎないことを示唆している。

## 6　天安門事件が今日に及ぼしている社会的影響

中国における新自由主義を支えている最大の理論的根拠とは、二〇〇〇年二月、江沢民によって提出された「三つの代表」論にある。ここで中国共産党は、「先進的な社会的生産力の要請」、「先進的文化の発展」、「広範な人民の根本的利益」の三つを代表するとされたが、とくに新自由主義の拡大との関連で最大の根拠となるのが、この「広範な人民の根本的利益」であろう。ポスト天安門事件期のいわゆる「権威主義」体制下において、この一項目こそが、改革開放政策で勢力を伸ばした私営企業家の入党を促し、人権など普遍的価値の実現よりも、むしろ経済成長を優先する「開発独裁」のさらなる強化をもたらすこととなったのである。たとえば、二〇一〇年春、広州ホンダで繰り広げられた若き非正規労働者らによるストライキでは、既成の労働組合（総工会）が存在していたものの、その代表とは人事管理課次長であり、けっして労働者を代表するものではなかった。だが、こうした明らかな社会的矛盾が堂々とまかり通ったのも、この「三つの代表」論がきわめて有効に機能していたからに他ならない。

さらに、労働組合に対する法規制に関連していえば、この「三つの代表」論が出された後にまとめられた改正工会（労働組合）法（二〇〇一年一〇月施行）では、かつての五〇年法、九二年法と同様に、「工会は労働者が自発的に結合した階級的大衆組織である」（第二条）と規定されたうえ、「中華全国総工会およびその各工会組織は、労働者の利益を代表し、法に基づき労働者の合法的権益を守る」（同）との項目が付け加えられてはいた。だが、その最大の目的とは、工会が「憲法を根本的活動の原則として、独立自主的に活動を繰り広げる」（第四条）とした九二年法の条文に挿入する形で、「憲法に依拠し、経済活動を中心として、社会主義の道、プロレタリアート独裁、中国共産党の指導、マルクス・レーニン主義、毛沢東思想、鄧小平理論を堅持し、改革開放を堅持し、工会規約に基づき、独立自主的に活動を繰り広げる」(同)とし、それまでの工会の「独立自主的活動」を、鄧小平の「四つの基本原則」(社会主義の道、プロレタリアート独裁、中国共産党の指導、マルクス・レーニン主義と毛沢東思想)で限界付けることにあったといえる。ところが、新自由主義を批判すると称する「新左派」と日本の一部の知識人たちは、この「新自由主義派」の最大のよりどころである「三つの代表」論には、けっして触れようとはしないのである。こうしたことが、まさに「新自由主義派」にも批判的な徐友漁が、「新左派」に対して社会の現実から遊離した空虚な思想であると批判した根拠にもなっている。

## おわりに――「第三の道」としての政治改革への可能性

すでに述べたように、八九年の天安門事件以来の政変とも呼ばれた重慶事件での薄熙来の解任劇とは、「政治改革の推進か、文化大革命という歴史的悲劇の再来か」の選択を迫るものであった。しかるに、新自由主義を批判してきたはずの「新左派」の代表的論客である汪暉は、この重慶の「改革」モデルについて、「この改革が一種の公開政治であったこと、また民衆の参与に開かれた民主のテストであったことを証明している」と熱心に擁護し、逆に毛沢東時代の文革型大衆迎合「運動」にノーを突きつけた温家宝に対しては、デマを撒き散らす「密室政治」であると批判している。[★18]これはほとんど本末転倒であり、それこそ「何の根拠も持たないもの」としかいいようがないのだが、むしろここでの根源的問題は、汪暉ら「新左派」が現代中国社会になおも強固に存在し続ける「前近代的」遺制への直視を拒否し続け、さらに日本の「進歩的」とされる知識人やメディアが、背後でこれを支え続けてきた、という事実にこそある。これらの人々はみな、「新自由主義派」の理論的根拠である江沢民の「三つの代表」論を批判することもなく、かつ八〇年代後半に追求された社会民主主義的な「第三の道」の可能性に対しても、いっさい口を閉ざしたままなのである。

これまでみたように、二〇一二年春の重慶事件は、明らかに薄熙来が後ろ盾としていた江沢民閥というトップリーダーたちの政治力学を大きく変化させ、その権力基盤を瓦解の危機に追いやるものであった。だが、賀衛方(北京大学法学院教授)が指摘したように、この事件を厳格な法によって裁くべき司法ですら、この問題をめぐる裁判ではたんに執政政権を支えるための「政治ショー」を演じているにすぎず[★19]、ここでは「人の支配」を厳格にコントロールすべき「法の支配」ですら、じつはもう一つの「人の支配」に成り下がっているというのが中国社会の現実である。つまり、それだけ「前近代的」なものがいまだに中国社会の根底に深く横たわっているということなのだ。とはいえ、今回の事件を契機として政権内部の「改革派」の巻き返しによっては、いまも政治的基盤として残っている胡耀邦の「伝統」の復活をもたらし、かつて趙紫陽の提唱した社会民主主義的「第三の道」としての政治改革へと復帰していくという可能性もけっして捨て去ることはできない。なぜなら、この可能なるシナリオ自体が、「伝統」に回帰しつつ「革新」を求める「伝統的」中国政治のあり方の一部をなしているからである。

あたかも江沢民、習近平を牽制するために胡錦濤が自ら残した「遺嘱」であるかのように、第一八回党大会の「政治報告」で民主化に向けたさらなる政治改革の推進をあらためて盛り込んだことの潜在的な意味は、けっして小さなものではない。もちろん、徐友漁が警告するように、しっかりとしたリベラリズムに裏付けられていない社会民主主義の伝統とは、封建専制に抗する十分な力を備えたものであるとはけっしていえない。したがって、この重慶事件を生じさせたものの根底にある「前近代的」なものが、習近平の新たな指導体制下の政治改革のプロセスで、具体的にどのように扱われていくのかをしっかりと見極める必要がある。

註

(1)『産経新聞』、三月一六日。

(2) News Week, 25 April 2012.

(3)『世界』、二〇一二年七月。

(4) 汪暉(石井剛・羽根次郎訳)『世界史のなかの中国』(青土社、二〇一一年)、三九―四〇頁。

(5) 何清漣『中国現代化の落とし穴――噴火口上の中国』(草思社、二〇〇二年)、一一二―一一三頁。

(6) 栄剣「奔向重慶的学者們」、『共識網』(ｗｗｗ)、四月二八日。

(7) 徐友漁『自由的言説』(長春出版社、一九九九年)、一九頁。

(8) 同。

(9) 同上、二五五頁。

(10) 同上、二〇頁。

(11) 同上、二五六頁。

(12) 徐友漁「制度創新与国情」、『不懈的精神追求』(天津人民出版社、二〇〇二年)所収、八七頁。

(13) 同「中国的現代性与批判」、前掲『不懈的精神追求』所収、九二―九三頁、及び同『中国当代政治文化与西方政治哲学』(秀威資訊科技出版社、二〇〇八年)、二三三頁。

(14) 前掲『中国当代政治文化与西方政治哲学』、二二一―二二五頁。

(15) 同上、五一頁。

(16) 徐友漁「自由主義還是社会民主主義」、同『与時代同行』(復旦大学出版社、二〇一〇年)所収、一六五―一六九頁。

(17) 同上、一六五頁。なお、現代中国における党内リベラリスト群像の現状については、及川淳子『現代中国の言論空間と政治文化――「李鋭ネットワーク」の形成と変容』(御茶の水書房、二〇一二年）を参照。

(18) 前掲『世界』参照。

(19)『朝日新聞』、二〇一二年一一月七日。

# おわりに

鈴木賢

　果たして「民主化なき権力と資本の同盟」といういびつな市場経済体制、いわゆる「権貴資本主義」に未来はあるのか？　中国は近い将来、民主化、自由化へ舵を切るのか？　民主化への軟着陸は可能なのか？　超大国化した中国の行方が世界中から注目を集めるなか、二〇一二年一一月、第一八回共産党大会が閉幕し、習近平を総書記とする新しい政治局常務委員七名が選出された。

　新指導部の誕生に先立って公表された大会コミュニケでは、「われわれは断固として中国的特色をもつ社会主義の偉大な旗を高く掲げる、すなわち閉鎖的で硬直した古い道に戻るのではなく、旗印を変えたよこしまな道を歩むのでもない」[★1]という変わり映えのない方向が示された。体制に近い学者の解説によると、「古い道」（老路）とは、改革開放路線以前の伝統的社会主義の道、旧ソ連がたどった道であり、他方、「よこしまな道」（邪路）とは「完全に社会主義の旗印を放棄した資本主義の道」を指すという。[★2]

「邪路」とは何かは、具体的には呉邦国（全国人民大表大会常務委員会委員長）が二〇一一年三月に行った講話から推し測ることができる。呉は中国が今後も複数政党による政権交代システム、指導的イデオロギーの多元化、〝三権鼎立〟（三権分立）、二院制、連邦制、私有化をやらないこと、制度上、法律上、共産党を指導の核心に位置づけ続けることを宣言した。[★3]つまり、権力をめぐる自由な競争、複数主義的民主主義、立憲主義、個人の自由や人権尊重といった、今や世界に普遍化した価値へのコミットメントを拒否することを改めて表明しているのである。[★4]

こうした党の公式の立場は、リベラリズムに傾く知識人からは痛烈な批判を浴びている。徐友漁はその代表的論者の一人であり、広く尊敬を集める良心的知識人である。リベラル派知識人の多くは劉暁波の「〇八憲章」に賛同しており、基本的な考えは「〇八憲章」に表れていると考えていいだろう。この対極には「はじめに」および石井論文で述べた「新左派」と呼ばれる思想潮流があり、これにもかなり有力に支持する層がある。一六四ページから掲げる「図解中国政治における左派vs.右派」は、リベラル派を「右」（過激派）、新左派を「左」（保守派）とし、その基本的な対立構造を示したものである。対立の構図が手際よく示されており、徐友漁氏に見ていただいたところほぼ正確な整理であることが分かったので、翻訳して掲載することにする。

これから分かることは、右派の主張こそが「邪路」であり、左派の主張は「老路」にほぼ相当するということである。共産党は「邪路」にはきわめて警戒的であり、拒否反応は顕著である。この姿勢は習近平新体制になっても変化はない。逆に口では「老路」には戻らないといいつつ、その実、部分的には「新左派」的な傾向が現れている。たとえば、二〇一二年一二月二八日には「インターネット情報保護を強化することに関する決定」が採択され、ネット接続契約に際しては利用者に実名（真正な身分）を提供することを義務づけることとした。伝統メディアに比して自由な言論が交わされ、いまや中国最大の「野党」などとも言われるネットユーザーに対する統制を強化しようとしている。

また、二〇一三年の年明けには権力に批判的な報道スタイルで名を馳せている『南方週末』紙の年頭社説について党の広東省宣伝部が書き換えを命じていたことが発覚し、同紙の記者やそのOB／OGらがこれに抗議し、それを全国のマスコミ関係者、知識人、市民多数が応援するという事件が起こった。にわかに言論の自由、報道の自由に対する権力による介入の是非が

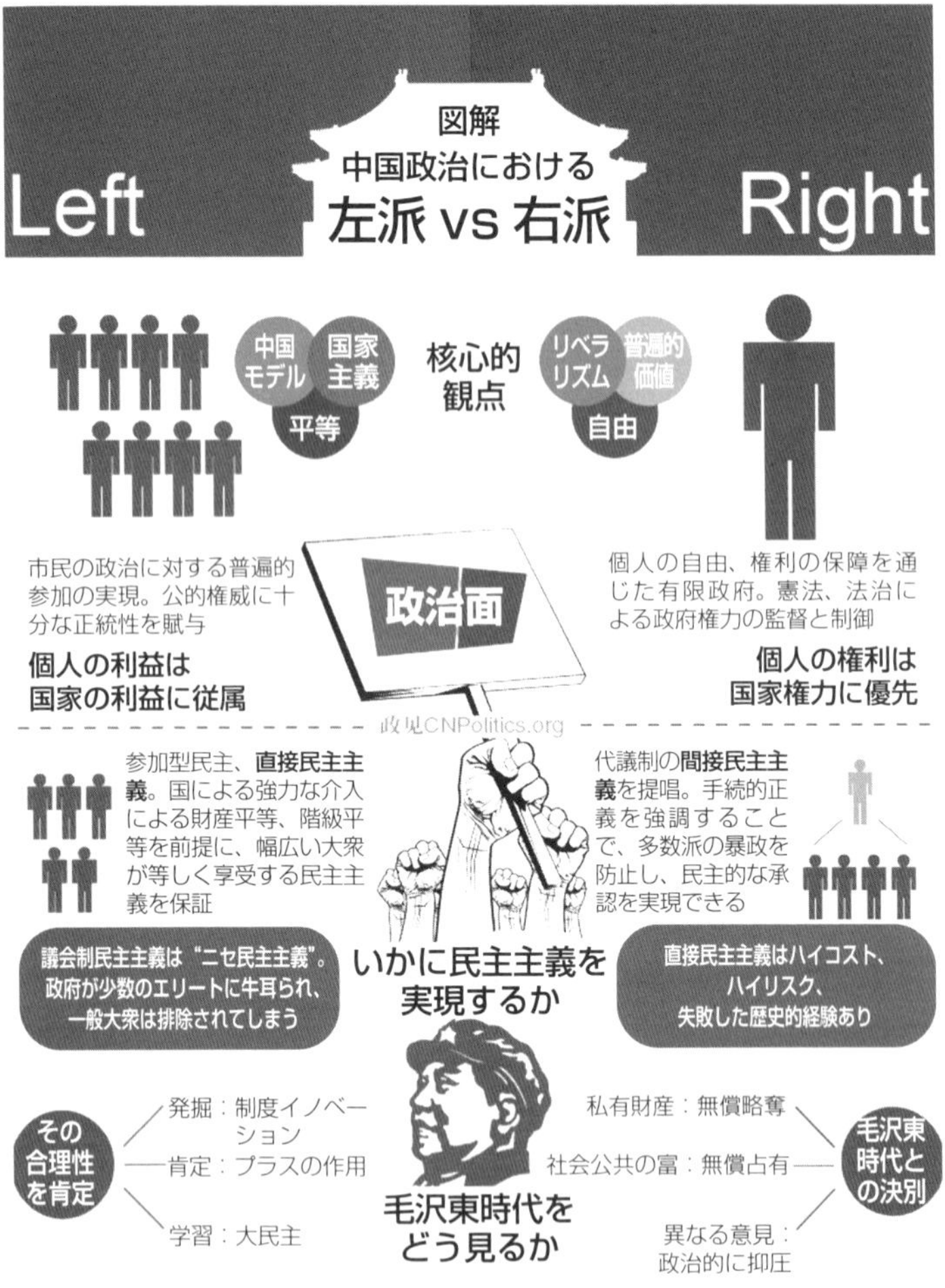
図解
中国政治における
左派vs右派
Left
Right
中国モデル
国家主義
平等
核心的観点
リベラリズム
普遍的価値
自由
市民の政治に対する普遍的参加の実現。公的権威に十分な正統性を賦与
個人の利益は国家の利益に従属
政治面
個人の自由、権利の保障を通じた有限政府。憲法、法治による政府権力の監督と制御
個人の権利は国家権力に優先
政見CNPolitics.org
参加型民主、直接民主主義。国による強力な介入による財産平等、階級平等を前提に、幅広い大衆が等しく享受する民主主義を保証
代議制の間接民主主義を提唱。手続的正義を強調することで、多数派の暴政を防止し、民主的な承認を実現できる
議会制民主主義は"ニセ民主主義"。政府が少数のエリートに牛耳られ、一般大衆は排除されてしまう
いかに民主主義を実現するか
直接民主主義はハイコスト、ハイリスク、失敗した歴史的経験あり
その合理性を肯定
発掘：制度イノベーション
肯定：プラスの作用
学習：大民主
毛沢東時代をどう見るか
私有財産：無償略奪
社会公共の富：無償占有
異なる意見：政治的に抑圧
毛沢東時代との決別

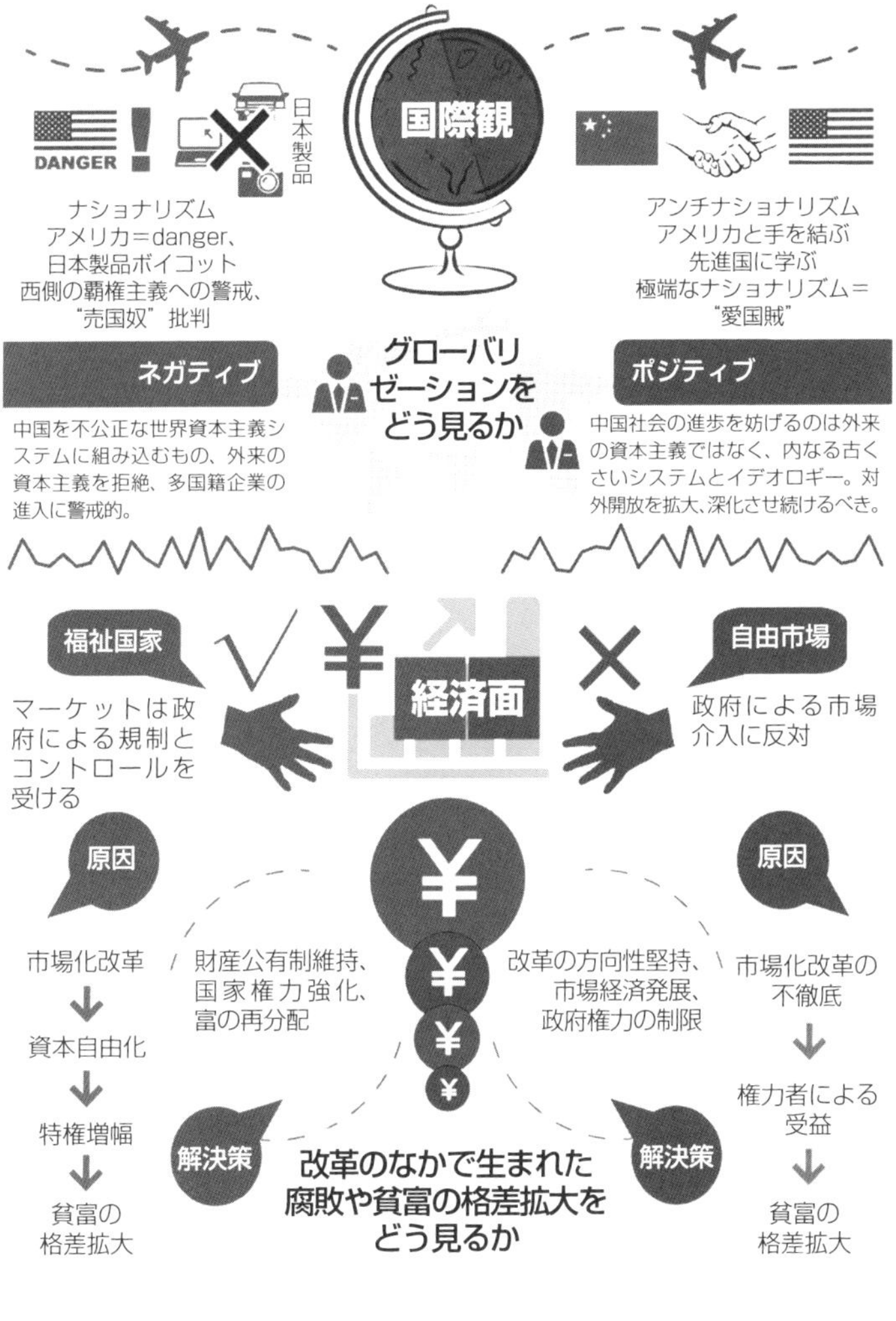
国際観
DANGER
日本製品
ナショナリズム
アメリカ＝danger、
日本製品ボイコット
西側の覇権主義への警戒、
"売国奴"批判
アンチナショナリズム
アメリカと手を結ぶ
先進国に学ぶ
極端なナショナリズム＝
"愛国賊"
ネガティブ
グローバリゼーションをどう見るか
ポジティブ
中国を不公正な世界資本主義システムに組み込むもの、外来の資本主義を拒絶、多国籍企業の進入に警戒的。
中国社会の進歩を妨げるのは外来の資本主義ではなく、内なる古くさいシステムとイデオロギー。対外開放を拡大、深化させ続けるべき。
福祉国家
自由市場
経済面
マーケットは政府による規制とコントロールを受ける
政府による市場介入に反対
原因
原因
市場化改革
資本自由化
特権増幅
貧富の格差拡大
財産公有制維持、国家権力強化、富の再分配
改革の方向性堅持、市場経済発展、政府権力の制限
市場化改革の不徹底
権力者による受益
貧富の格差拡大
解決策
解決策
改革のなかで生まれた腐敗や貧富の格差拡大をどう見るか

政见CNPolitics.org

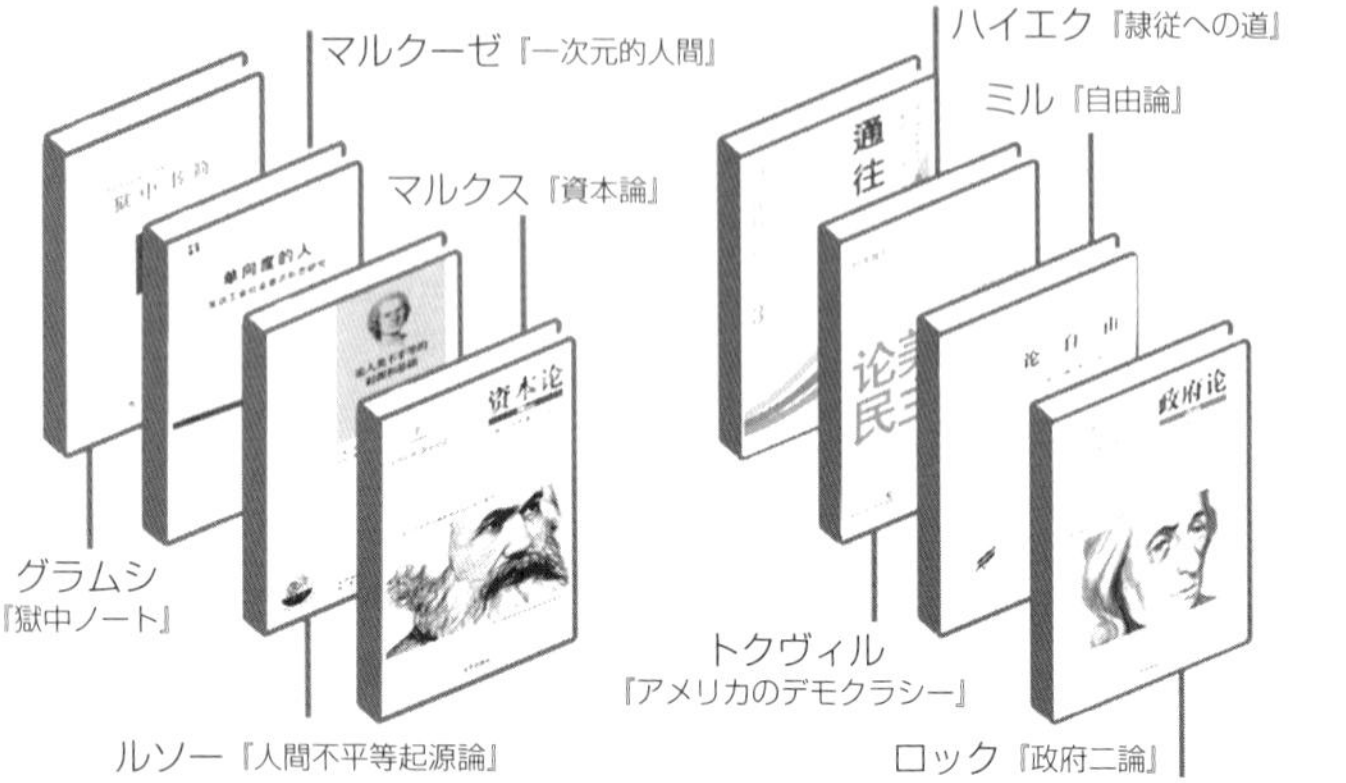


推奨する著作

**代表的論者**

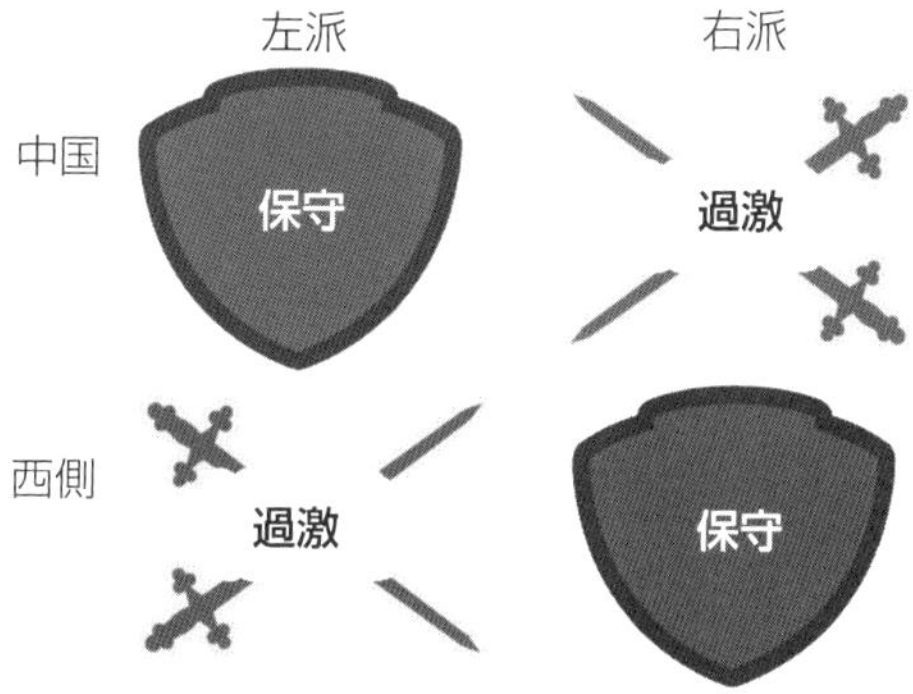


西側の左派／右派とは逆の構図

政見 CNPolitics サイト http://cnpolitics.org/2012/02/left-right/ 掲載の方可成、龔方舟「中国的左派与右派」を翻訳。

熱く議論されることとなった。言論統制が強化されようとしているが、これに対するメディア関係者や市民の反発もまた強くなっているのである。

薄熙来の「重慶モデル」にせよ、「新左派」的な言説や政策体系にせよ、その背後には毛沢東型政治レジームへのシンパシーが控えており、現在、むしろそれが再び頭をもたげかけているのである。こうした現実は中国の政治が文革を全面否定できないことと裏腹の関係にあるものと思われる。文革が提起していた根本的問題を「反近代」「近代批判」だとするならば[★5]、実はその挫折がまだ完全には承認されていないのである。その意味で文革評価問題はまさに現在進行中のテーマだということになる。

共産党が拒否している「邪路」とはまさに理念型としての近代そのものだと言っていい。普遍的価値として選択された「近代」に代わる発展モデルの模索に未来があるのかどうか、徐友漁はこれを根本から疑っているのである。「老路」でも、「邪路」でもない第三の道、それは「死路」（行き止まりの道）ではないのかと。

＊本書は科学研究費補助金「権威主義体制と市場を媒介する法と政治——中国的メカニズムの解明」（鈴木賢研究代表）の成果の一部である。

註

（1）胡錦濤『堅定不移沿着中国特色社会主義道路前進　為全面建成小康社会而奮闘』（人民出版社、二〇一二年）一一頁。

（2）張峰「如何正確理解不走〝老路〟与〝邪路〟」『紅旗文稿』二〇一二年二一期四一頁参照。筆者は中央社会主義学院副院長。

（3）呉邦国「在形成中国特色社会主義法律体系座談会上的講話」全国人大常委会法制工作委員会研究室編『中国特色社会主義法律体系読本』（中国法制出版社、二〇一一年）三頁参照。

（4）商翔「決不能走『普世価値』論者所指引的邪路」『中華魂』二〇〇九年八期四一頁以下参照。

（5）加々美光行、子安宣邦らの文革解釈に依っている。子安宣邦『日本人は中国をどう語ってきたか』（青土社、二〇一二年）二六三頁以下参照。

[著者・訳者紹介]

徐友漁（Xu Youyu）
1947 年生まれ、元中国社会科学院哲学研究所研究員、言語哲学・社会政治哲学専攻

鈴木賢（すずき・けん）
1960 年生まれ、北海道大学大学院法学研究科教授、中国法・台湾法専攻

遠藤乾（えんどう・けん）
1966 年生まれ、北海道大学公共政策大学院教授、国際政治専攻

川島真（かわしま・しん）
1968 年生まれ、東京大学大学院総合文化研究科准教授、中国政治外交史専攻

石井知章（いしい・ともあき）
1960 年生まれ、明治大学商学部教授、中国政治思想、中国労働運動専攻

徐　行（じょ・こう）
1981 年生まれ、北海道大学大学院法学研究科助教、中国法・裁判法専攻

**文化大革命の遺制と闘う　徐友漁と中国のリベラリズム**

2013年3月15日　初版第1刷発行

著　者＊徐友漁・鈴木賢・遠藤乾・川島真・石井知章
装　幀＊後藤トシノブ
発行人＊松田健二
発行所＊株式会社社会評論社
東京都文京区本郷2-3-10
tel.03-3814-3861/fax.03-3818-2808
http://www.shahyo.com/
印刷・製本＊倉敷印刷株式会社

Printed in Japan